# EINE VOLLSTÄNDIGE ANLEITUNG ZUM KOCHEN VON GERICHTEN MIT HOLUNDERBLÜTEN

Entdecken Sie die Welt der Holunderblütenküche anhand von 100 Rezepten

ADELBERT SCHULZE

Urheberrechtliches Material ©2023

Alle Rechte vorbehalten

Kein Teil dieses Buches darf in irgendeiner Form oder mit irgendwelchen Mitteln ohne die entsprechende schriftliche Zustimmung des Herausgebers und Urheberrechtsinhabers verwendet oder übertragen werden, mit Ausnahme kurzer Zitate, die in einer Rezension verwendet werden. Dieses Buch sollte nicht als Ersatz für medizinische, rechtliche oder andere professionelle Beratung betrachtet werden.

# INHALTSVERZEICHNIS

**INHALTSVERZEICHNIS** .................................................................................... 3
**EINFÜHRUNG** ................................................................................................ 6
**GRUNDREZEPTE** ........................................................................................... 7
   1. Holunder- und Holunderblütensirup ............................................... 8
   2. Holunderblütensirup .......................................................................... 10
   3. Holunderblütensirup .......................................................................... 12
   4. Holunderblütenlikör .......................................................................... 14
   5. Holunderblütenöl ............................................................................... 17
**FRÜHSTÜCK** ................................................................................................ 19
   6. Holunderblütenpfannkuchen ........................................................... 20
   7. Heiße Holunderblütenschokolade ................................................... 22
   8. Holunderblüten-Donuts ................................................................... 24
   9. Holunderblüten -Chia-Pudding ....................................................... 26
   10. Holunderblüten- Smoothie-Bowl .................................................. 28
   11. Holunderblüten -French-Toast ..................................................... 30
   12. Holunderblütenwaffeln .................................................................. 32
   13. Holunderblüten-Granola ............................................................... 35
   14. Pochierte Eier mit Holunderblüten-Hollandaise ...................... 37
   15. Erdbeer-Holunderblüten-Crepes ................................................. 39
   16. Dänische Holunderblütenpfannkuchen ...................................... 41
**TEE** ............................................................................................................... 43
   17. Chrysanthemen- und Holunderblütentee .................................. 44
   18. Calendulablüten Erkältungspflegetee ......................................... 46
   19. Erkältungs- und Grippetee ........................................................... 48
   20. Echinacea- Tee zur Immununterstützung ................................. 50
   21. Holunderblüten- und Kamillentee ............................................... 52
   22. Holunderblüten- und Minztee ...................................................... 54
   23. Holunderblüten- und Zitronentee ............................................... 56
   24. Holunderblüten-Eistee ................................................................... 58
**SNACKS UND VORSPEISEN** ................................................................... 60
   25. Holunderblüten-Madeleines mit Schokoladensauce ................ 61
   26. Holunderblütenkrapfen ................................................................. 64
   27. Holunderblüten-Marmelade-Tarte .............................................. 66
   28. Holunderblüten-Pudding-Scheiben mit Rhabarber .................. 68
   29. Holunderblüten-Shortbread-Kekse ............................................. 71
   30. Sauerteig-Maismehl- und Holunderblütenbrot ........................ 73

31. Zitronen-Holunderblüten-Mürbeteig ............................................................. 75
32. Schmelzende Momente der Holunderblüte ................................................. 78
33. Holunderblüten und Prosciutto Crostini ...................................................... 80
34. Holunderblüten- und Gurkentee-Sandwiches ............................................. 82
35. Holunderblüten und Brie-Quesadillas ......................................................... 84
36. Canapés mit Holunderblüten und geräuchertem Lachs ............................. 86
37. Mit Holunderblüten und Blauschimmelkäse gefüllte Datteln .................... 88

## HAUPTKURS .............................................................................................. 90
38. Adobo-Rindfleischsalat mit Holunderblütensalsa ....................................... 91
39. Holunderblüten – glasierter Lachs ............................................................... 93
40. Holunderblüten – Mariniertes gegrilltes Hähnchen .................................... 95
41. Holunderblüten -Ziegenkäse-Salat ............................................................... 97
42. Holunderblüten -Glasierter Tofu-Pfanne ..................................................... 99
43. Holunderblüten- Quinoa-Salat .................................................................... 101
44. Holunderblüten- Pilz-Risotto ...................................................................... 103
45. Schwarze Bohnensuppe mit Holunderblüten ........................................... 105
46. Holunderblüten -Marinierte Rindfleischspieße ........................................ 107

## NACHTISCH ............................................................................................ 109
47. Pochierte Stachelbeeren mit Holunderblüten .......................................... 110
48. Zitronen-Holunderblüten-Pfundkuchen .................................................... 112
49. Blaubeer-, Holunderblüten- und Zitronentöpfe ....................................... 115
50. Rhabarber-Holunderblüten-Tarte .............................................................. 117
51. Holunderblütenparfait ................................................................................ 120
52. Exotische Frucht mit Holunderblüten-Zabaglione ................................... 123
53. Erdbeer-Holunderblüten-Kuchen ............................................................... 125
54. Blumen-Mimosa-Brett ................................................................................ 127
55. Brombeer- und Holunderblüten-Bavarois ................................................ 129
56. Holunderblüten-Crème Brûlée ................................................................... 133
57. Holunderblüten-Limetten-Mousse ............................................................ 135
58. Holunderblüten- Birnen-Sorbet ................................................................. 137
59. Holunderblüten-Panna Cotta mit Erdbeeren ........................................... 139
60. Holunderblüten-Flan ................................................................................... 141
61. Holunderblüteneis ....................................................................................... 143
62. Holunderblütensorbet ................................................................................ 145
63. Holunderblüten- und Brombeereis ............................................................ 147
64. Holunderblütenmousse .............................................................................. 149
65. Gebackene Birnen mit Honig und Holunderblüten .................................. 151
66. Holunderblütengelee mit Champagnersorbet ......................................... 153
67. Panna Cotta mit Holunderblütensauce .................................................... 155

68. Holunderblüten -Sangria-Sorbet.................................................. 158

## GEWÜRZE .........................................................................................**160**
69. Holunderblütenhonig _ .................................................................. 161
70. Holunder- und Lakritztinktur ...................................................... 163
71. Winterschutztinktur aus Echinacea und Holunder ................. 165
72. Apfel-, Birnen- und Holunderbeersauce ................................... 167
73. Holunderblüten- Tomatensauce ................................................. 169
74. Holunderblüten -Chia-Marmelade.............................................. 171
75. Holunderblüten-Salsa..................................................................... 173
76. Kirsch- Holunderblüten -Kompott .............................................. 175

## COCKTAILS UND MOCKTAILS.................................................**177**
77. Hibiskus-Spritz ............................................................................... 178
78. Prosecco-Holunderblüten-Cocktail ........................................... 180
79. Saké- Litschi -Aperitif .................................................................... 182
80. Kräuter-Gin-Fizz............................................................................. 184
81. Hibiskus-Wunderkerze ................................................................. 186
82. Pfirsich-Rosé-Sangria.................................................................... 188
83. Holunderblüten-Blutorangen-Mimosen .................................. 190
84. Hibiskus-Spritz ............................................................................... 192
85. Granatapfel-Thymian-Wodka-Spritz ......................................... 194
86. Drachenatem -Mocktail ............................................................... 196
87. Älterer Flieger ................................................................................. 198
88. Englischer Martini .......................................................................... 200
89. Holunderblüten - Rose -Martini................................................... 202
90. Holunderblüten-Champagner .................................................... 204
91. Holunderblüten -Gin-Blast ........................................................... 206
92. Große Holunderblüten- Designs ................................................ 208
93. Mayflower Martini ......................................................................... 210
94. Holunderblüten -Meteorfall ........................................................ 212
95. Holunderblüten -Glanz ................................................................. 214
96. Holunderblüten -Aufwind............................................................ 216
97. Flower Blast Martini ...................................................................... 218
98. Holunderblüten -Margarita ......................................................... 220
99. Holunderblüten -Mojito ............................................................... 222
100. Holunderblütenspritz _ ............................................................... 224

## ABSCHLUSS ...................................................................................**226**

# EINFÜHRUNG

Holunderblüten verleihen mit ihren zarten und duftenden Blüten einer Vielzahl kulinarischer Kreationen einen einzigartigen und bezaubernden Geschmack. In diesem umfassenden Leitfaden tauchen wir in die Welt der Holunderblütenküche ein und stellen 100 exquisite Rezepte vor, die die Vielseitigkeit und den Charme dieser wunderschönen Blüten hervorheben.

Seit Jahrhunderten werden Holunderblüten in verschiedenen Kulturen zur Verfeinerung süßer und herzhafter Gerichte sowie Getränke verwendet. Ihre blumigen Noten und ihre subtile Süße können eine gewöhnliche Mahlzeit in ein Gourmet-Erlebnis verwandeln. Egal, ob Sie ein erfahrener Koch oder ein abenteuerlustiger Hobbykoch sind, diese umfassende Rezeptsammlung wird Sie dazu inspirieren, die herrlichen Möglichkeiten von Holunderblüten in Ihrer Küche zu erkunden.

Begleiten Sie uns auf einer kulinarischen Reise, die Vorspeisen, Hauptgerichte, Desserts und Getränke umfasst. Entdecken Sie die Kunst, Holunderblüten in Sirupe, Liköre und Spirituosen einzuarbeiten, oder wie sie Klassikern wie Holunderblüten-Pfannkuchen und nach Holunderblüten duftendem Hühnchen eine besondere Note verleihen. Von mit Holunderblüten angereicherten Cocktails bis hin zu unwiderstehlichem Holunderblütengebäck – die Möglichkeiten sind so grenzenlos wie Ihre Kreativität.

Bereiten Sie sich darauf vor, Ihre Familie und Freunde mit den bezaubernden Aromen dieser Blüten zu beeindrucken, und lassen Sie Ihre kulinarische Reise beginnen.

# GRUNDREZEPTE

# 1. Holunder- und Holunderblütensirup

**ZUTATEN:**
- 50 g frische oder getrocknete Holunderblüten
- 100 g Holunderbeeren
- 1 kleine Zimtstange
- 1 Teelöffel Anis
- 1 Esslöffel frische Ingwerwurzel, gerieben
- 400 g Zucker
- Saft von 1/2 Zitrone

**ANWEISUNGEN:**

a) Alle Zutaten außer Zucker und Zitronensaft in einen Topf geben, 1 Liter (13/4 Pints) Wasser hinzufügen, abdecken und bei schwacher Hitze 25–30 Minuten köcheln lassen.

b) Die Flüssigkeit in ein Messglas abseihen. 600 ml (1 Pint) in einen Topf umfüllen und den Zucker hinzufügen. (Jede zusätzliche Flüssigkeit kann als Tee getrunken werden.)

c) Bei schwacher Hitze vorsichtig umrühren, um den Zucker aufzulösen. Wenn sich der gesamte Zucker aufgelöst hat, den Zitronensaft hinzufügen und weitere 10–15 Minuten bei geschlossenem Deckel leicht köcheln lassen. Anschließend 2–3 Minuten aufkochen lassen und vom Herd nehmen.

d) Noch heiß in eine sterilisierte Glasflasche füllen, verschließen, mit Zutatenliste und Datum beschriften. Im Kühlschrank aufbewahren und innerhalb von 3–4 Wochen verbrauchen.

e) Einen Esslöffel Likör in eine Tasse kaltes oder heißes Wasser geben oder auf Pfannkuchen oder Frühstücksflocken träufeln.

## 2. Holunderblütensirup

**ZUTATEN:**
- 2 Zitronen, in Scheiben oder in Stücke geschnitten
- 15 Holunderblüten, wobei Blätter und Stängel so weit wie möglich entfernt wurden
- 1 Kilogramm Kristallzucker (ungefähr 5 Tassen)
- 1 Liter Wasser (ca. 4 Tassen)
- 20 Gramm Zitronensäure (ungefähr ein gehäufter Esslöffel)

**ANWEISUNGEN:**
a)   Geben Sie die Zitronenscheiben und die Holunderblüten in einen geräumigen, hitzebeständigen Topf oder ein großes Glas mit Deckel und einem Fassungsvermögen von mindestens 2 Litern (8 Tassen).
b)   Bringen Sie in einem separaten Topf Kristallzucker, Wasser und Zitronensäure zum Kochen, sodass sich der gesamte Zucker vollständig auflöst.
c)   Gießen Sie den Zuckersirup vorsichtig über die Zitronen und Holunderblüten und rühren Sie dabei gründlich um, um die Aromen zu vermischen.
d)   Lassen Sie die Mischung Zimmertemperatur erreichen und verschließen Sie sie mit einem Deckel, um eine luftdichte Versiegelung sicherzustellen (bei Bedarf können Sie Plastikfolie verwenden).
e)   Lassen Sie diese Mischung 48 Stunden lang ruhen und rühren Sie dabei mehrmals täglich um.
f)   Nach 48 Stunden die Mischung durch ein feines Sieb und ein Käsetuch abseihen, um eventuelle Verunreinigungen zu entfernen. Das Ergebnis ist ein sauberer, leicht gelblicher Sirup.
g)   Geben Sie diesen Sirup in einen Topf und bringen Sie ihn zum Kochen. Reduzieren Sie die Hitze, um etwa 10 Minuten lang ein leichtes Kochen aufrechtzuerhalten.
h)   Gießen Sie den heißen Sirup zum Einmachen in vorbereitete Gläser oder Flaschen (der Sirup ist haltbar, wenn die richtigen Einmachverfahren befolgt werden) oder lagern Sie ihn bis zu zwei Monate in einem luftdichten Behälter im Kühlschrank.

## 3.Holunderblütensirup

**ZUTATEN:**
- 2 Tassen Wasser
- 2 Tassen Zucker
- 1/4 Tasse getrocknete Holunderblüten
- 1 Meyer-Zitrone
- 1 1/2 Teelöffel Zitronensäure

**ANWEISUNGEN:**

a) In einem kleinen Edelstahltopf Wasser und Zucker bei mittlerer Hitze zum Kochen bringen. Erhitzen, bis sich der Zucker vollständig aufgelöst hat. Dies sollte etwa 5 bis 7 Minuten dauern. Vom Herd nehmen und den einfachen Sirup abkühlen lassen.

b) Waschen Sie die Meyer-Zitrone, schneiden Sie sie in Scheiben und geben Sie die Scheiben in ein verschließbares Glas. Holunderblüten- und Zitronensäurepulver in das Glas geben. Gießen Sie den abgekühlten Zuckersirup hinein, verschließen Sie das Glas und schütteln Sie es gut. Bewahren Sie die Mischung mindestens 24 Stunden im Kühlschrank auf. Wenn Sie einen stärkeren Geschmack wünschen, kann sie bis zu 72 Stunden im Kühlschrank bleiben.

c) Nach der Ziehzeit den Likör durch ein Käsetuch in den von Ihnen bevorzugten Behälter abseihen. Achten Sie darauf, das Käsetuch nach unten zu drücken, um die gesamte Flüssigkeit herauszusaugen.

d) Bewahren Sie den Holunderblütenlikör in einem verschlossenen Glasbehälter im Kühlschrank bis zu 3 Monate auf. Wenn Sie auf die Zitronensäure verzichten möchten, lagern Sie sie nicht länger als 3 Wochen oder bis der Sirup trüb wird. Wenn Sie anstelle von Zitronensäure Wodka als Konservierungsmittel verwenden, lagern Sie ihn nicht länger als 6 Wochen oder bis er trüb wird. Genießen!

# 4. Holunderblütenlikör

**ZUTATEN:**
- 10 bis 20 Holunderblütenköpfe, ohne große Stiele
- 1 Liter Wodka oder Everclear
- 1/4 bis 1/2 Tasse Zucker

**ANWEISUNGEN:**

a) Schneiden Sie die Holunderblüten von ihren Stielen ab und füllen Sie sie in ein viertelgroßes Einmachglas. Denken Sie daran, dass die Stängel und Blätter von Holunderpflanzen giftig sind. Versuchen Sie daher, so viele Stängel wie möglich zu entfernen. Obwohl es schwierig ist, sie alle zu entfernen, ist es wichtig, dass Sie sich für diesen Schritt etwas Zeit nehmen.

b) Gießen Sie den Alkohol Ihrer Wahl über die Blumen und verschließen Sie das Glas. Die Alkoholauswahl ist flexibel, viele bevorzugen jedoch 80-prozentigen Wodka. Für einen reineren und reineren Holunderblütengeschmack können Sie sich jedoch für 100-prozentigen Wodka entscheiden. Gelegentlich kann Everclear oder ein 151-plus-prozentiger Alkohol verwendet werden. Der höhere Alkoholgehalt hilft dabei, das volle Spektrum an Geschmacksrichtungen und Aromen aus den Holunderblüten zu extrahieren. Wenn Sie Everclear verwenden, verdünnen Sie den Likör mit Wasser oder Eis, um ihn schmackhafter zu machen, da er außergewöhnlich stark ist.

c) Stellen Sie sicher, dass die Blüten vollständig in den Alkohol eingetaucht sind. Andernfalls kann die oberste Blütenschicht an der Luft oxidieren und braun werden. Obwohl dies dem Likör nicht schadet, ist es besser, ein Glas mit schmalem Hals zu verwenden und ein kleineres Glas hineinzustellen, um eine Luftschleuse zu schaffen. Alternativ können Sie die Blumen auch mit einem kleinen Teller oder Glasdeckel beschweren.

d) Bewahren Sie das Glas so lange Sie möchten, mindestens jedoch einige Tage, an einem kühlen, dunklen Ort auf. Eine typische Ziehzeit beträgt etwa zwei Wochen, Sie können sie jedoch um einen Monat oder länger verlängern, wenn Sie einen dunkleren Likör wünschen.

e) Nach der Ziehzeit die Mischung zweimal abseihen. Verwenden Sie zunächst ein feinmaschiges Sieb, um die Blüten und eventuelle Rückstände zu entfernen. Dann seihen Sie es noch einmal durch dasselbe Sieb, dieses Mal mit einem Stück Papiertuch darin, um sehr feine Partikel wie Pollen zu entfernen. Es ist möglich, auf das zweite Sieben zu verzichten, es kann jedoch zu einem leicht trüben Likör führen.

f) Für einen Liter Likör fügen Sie je nach gewünschter Süße zwischen 1/4 Tasse und 1/2 Tasse Zucker hinzu. Verschließen Sie das Glas wieder und schütteln Sie es gut, um es zu vermischen. Wenn Sie Everclear verwenden, besteht eine gute Möglichkeit, den Zucker einzuführen und die Mischung auf ein trinkbares Maß zu verdünnen, darin, den Zucker mit einer gleichen Menge Wasser zu mischen, es zu erhitzen, bis sich der Zucker vollständig aufgelöst hat, es auf Raumtemperatur abzukühlen und dann Fügen Sie es dem Likör hinzu.

g) Stellen Sie das Glas wieder in die Speisekammer und schütteln Sie es von Zeit zu Zeit, bis sich der Zucker vollständig aufgelöst hat. Sobald dies geschehen ist, ist Ihr Holunderblütenlikör bereit zum Genießen und kann unbegrenzt gelagert werden.

## 5. Holunderblütenöl

**ZUTATEN:**
- Frische Holunderblüten (genug, um ein sauberes, trockenes Glas zu füllen)
- Trägeröl (z. B. Olivenöl, süßes Mandelöl oder Traubenkernöl)

**ANWEISUNGEN:**

a) Holunderblüten ernten: Pflücken Sie frische Holunderblüten an einem trockenen, sonnigen Tag, wenn die Blüten vollständig geöffnet und aromatisch sind. Stellen Sie sicher, dass die Holunderblüten sauber und frei von Schmutz oder Insekten sind. Vermeiden Sie die Verwendung von Holunderblüten mit welken oder braunen Blütenblättern.

b) Bereiten Sie ein sauberes Glas vor: Wählen Sie ein sauberes, trockenes Glasgefäß mit luftdichtem Deckel. Die Größe des Glases hängt von der Menge an Holunderblütenöl ab, die Sie herstellen möchten. Ein Glas in Pint-Größe (500 ml) ist ein guter Ausgangspunkt.

c) Füllen Sie das Glas: Geben Sie die frisch geernteten Holunderblüten in das Glas. Füllen Sie das Glas zu etwa zwei Dritteln mit Holunderblüten. Schütteln Sie das Glas vorsichtig, damit sich die Blüten absetzen und oben etwas Platz schaffen.

d) Trägeröl hinzufügen: Gießen Sie das Trägeröl Ihrer Wahl über die Holunderblüten und achten Sie darauf, dass die Blüten vollständig im Öl eingetaucht sind. Möglicherweise müssen Sie einen Spatel oder den Stiel eines Löffels verwenden, um die Holunderblüten vorsichtig nach unten zu drücken und eventuelle Luftblasen zu entfernen. So lange Öl hinzufügen, bis die Holunderblüten vollständig bedeckt sind.

e) Verschließen Sie das Glas: Verschließen Sie das Glas mit einem luftdichten Deckel.

f) Ziehzeit: Stellen Sie das verschlossene Glas an einen kühlen, dunklen Ort, um es etwa 2 bis 4 Wochen ziehen zu lassen. Schütteln Sie das Glas alle paar Tage vorsichtig, um die Mischung zu bewegen und die Infusion des Holunderblütendufts in das Öl zu fördern.

g) Das Öl abseihen: Nach der Ziehzeit das Öl abseihen, um die Holunderblüten vom Öl zu trennen. Zu diesem Zweck können Sie ein feinmaschiges Sieb, ein Käsetuch oder einen Nussmilchbeutel verwenden. Drücken Sie die Holunderblüten aus, um so viel Öl wie möglich zu extrahieren.

h) Abfüllen und aufbewahren: Füllen Sie das abgesiebte Holunderblütenöl in eine saubere, trockene Glasflasche oder einen Behälter. Stellen Sie sicher, dass der Behälter gut verschlossen ist, um das Eindringen von Luft zu verhindern. Lagern Sie das Holunderblütenöl an einem kühlen, dunklen Ort, geschützt vor direkter Sonneneinstrahlung.

# FRÜHSTÜCK

## 6.Holunderblütenpfannkuchen

**ZUTATEN:**
- 1 Tasse Allzweckmehl
- 1 Esslöffel Zucker
- 1 Teelöffel Backpulver
- ½ Teelöffel Backpulver
- ¼ Teelöffel Salz
- 1 Tasse Buttermilch
- 1 großes Ei
- 2 Esslöffel geschmolzene Butter
- 2 Esslöffel Holunderblütensirup

**ANWEISUNGEN:**

a) In einer Rührschüssel Mehl, Zucker, Backpulver, Natron und Salz verrühren.

b) In einer separaten Schüssel Buttermilch, Ei, geschmolzene Butter und Holunderblütensirup verquirlen.

c) Gießen Sie die feuchten Zutaten zu den trockenen Zutaten und rühren Sie, bis alles gut vermischt ist.

d) Erhitzen Sie eine beschichtete Pfanne oder Grillplatte bei mittlerer Hitze und fetten Sie sie leicht ein.

e) Für jeden Pfannkuchen ¼ Tasse Teig in die Pfanne geben. Kochen, bis sich an der Oberfläche Blasen bilden, dann umdrehen und weitere 1–2 Minuten kochen lassen.

Mit dem restlichen Teig wiederholen. Servieren Sie die Pfannkuchen mit einem Schuss Holunderblütensirup darüber.

# 7.Heiße Holunderblütenschokolade

**ZUTATEN:**
- 2 Tassen Milch (Milchmilch oder Alternativmilch)
- 2 Esslöffel Kakaopulver
- 2 Esslöffel Zucker (nach Geschmack anpassen)
- 1 Esslöffel Holunderblütensirup
- Schlagsahne und essbare Blüten zum Garnieren

**ANWEISUNGEN:**

a) In einem Topf die Milch bei mittlerer Hitze erhitzen, bis sie heiß ist, aber nicht kocht.

b) In einer kleinen Schüssel Kakaopulver und Zucker verrühren.

c) Den Holunderblütensirup einrühren, bis alles gut vermischt ist.

d) Die Kakaomischung nach und nach in die heiße Milch einrühren, bis sie glatt und gut vermischt ist.

e) Erhitzen Sie die heiße Holunderblütenschokolade unter gelegentlichem Rühren weiter, bis die gewünschte Temperatur erreicht ist.

f) In Tassen füllen, mit Schlagsahne belegen und mit essbaren Blüten garnieren. Servieren und genießen!

## 8. Holunderblüten-Donuts

## ZUTATEN
- 1 ½ Tassen Allzweckmehl
- ½ Tasse Kristallzucker
- 2 Teelöffel Backpulver
- ¼ Teelöffel Salz
- ¼ Tasse Pflanzenöl
- ½ Tasse Milch
- 2 große Eier
- 1 Teelöffel Holunderblütenextrakt
- 1 Esslöffel getrocknete Holunderblüten (optional)

## ANWEISUNGEN
a) Heizen Sie Ihren Backofen auf 350 °F (180 °C) vor und fetten Sie eine Donutform mit Kochspray ein.
b) Mehl, Zucker, Backpulver und Salz in einer großen Schüssel verrühren.
c) In einer anderen Schüssel Öl, Milch, Eier, Holunderblütenextrakt und getrocknete Holunderblüten (falls verwendet) verquirlen.
d) Gießen Sie die feuchten Zutaten zu den trockenen Zutaten und vermischen Sie alles, bis alles gut vermischt ist.
e) Geben Sie den Teig in die vorbereitete Donutform und füllen Sie jede Form zu etwa ¾.
f) 12–15 Minuten backen oder bis ein Zahnstocher, der in die Mitte eines Donuts gesteckt wird, sauber herauskommt.
g) Lassen Sie die Donuts einige Minuten in der Form abkühlen, bevor Sie sie zum vollständigen Abkühlen auf einen Rost legen.

## 9. Holunderblüten-Chia-Pudding

**ZUTATEN:**
- ¼ Tasse Chiasamen
- 1 Tasse Milch (auf Milch- oder Pflanzenbasis)
- 2 Esslöffel Holunderblütensirup oder Holunderblütentee-Konzentrat
- 1 Esslöffel Honig oder Süßungsmittel Ihrer Wahl
- Frisches Obst, Nüsse oder Müsli als Topping

**ANWEISUNGEN:**

a) Kombinieren Sie in einem Glas oder Behälter Chiasamen, Milch, Holunderblütensirup oder Teekonzentrat und Honig.

b) Gut umrühren, um sicherzustellen, dass die Chiasamen gleichmäßig verteilt sind.

c) Decken Sie das Glas ab und stellen Sie es mindestens 2 Stunden oder über Nacht in den Kühlschrank, bis die Mischung eindickt und puddingartig wird.

d) Rühren Sie die Mischung während der Abkühlzeit ein- oder zweimal um, um ein Verklumpen zu verhindern.

e) Servieren Sie den Holunderblüten-Chia-Pudding gekühlt und mit frischen Früchten, Nüssen oder Müsli für zusätzliche Textur und Geschmack.

## 10. Holunderblüten- Smoothie-Bowl

**ZUTATEN:**
- 1 gefrorene Banane
- ½ Tasse gefrorene Beeren (wie Erdbeeren, Himbeeren oder Blaubeeren)
- ¼ Tasse Holunderblütentee (stark aufgebrüht und abgekühlt)
- ¼ Tasse griechischer Joghurt oder pflanzlicher Joghurt
- 1 Esslöffel Chiasamen
- Toppings: geschnittene Früchte, Müsli, Kokosflocken, Nüsse usw.

**ANWEISUNGEN:**
a) In einem Mixer die gefrorene Banane, die gefrorenen Beeren, den Holunderblütentee, den griechischen Joghurt und die Chiasamen vermischen.

b) Mixen, bis eine glatte und cremige Masse entsteht. Fügen Sie bei Bedarf noch einen Spritzer Holunderblütentee oder Wasser hinzu, um die gewünschte Konsistenz zu erreichen.

c) Den Smoothie in eine Schüssel geben.

d) Mit geschnittenen Früchten, Müsli, Kokosflocken, Nüssen oder einem anderen Belag Ihrer Wahl belegen.

e) Genießen Sie die erfrischende und lebendige Holunderblüten-Smoothie-Bowl als nahrhaftes Frühstück.

## 11. Holunderblüten-French-Toast

**ZUTATEN:**
- 4 Scheiben Brot
- 2 große Eier
- ½ Tasse Milch
- 2 Esslöffel Holunderblütensirup
- ½ Teelöffel Vanilleextrakt
- Butter oder Öl zum Kochen
- Toppings: Puderzucker, Ahornsirup, frische Früchte usw.

**ANWEISUNGEN:**

a) In einer flachen Schüssel Eier, Milch, Holunderblütensirup und Vanilleextrakt verquirlen.

b) Tauchen Sie jede Brotscheibe in die Eimischung und lassen Sie sie auf jeder Seite einige Sekunden einweichen.

c) Erhitzen Sie eine beschichtete Pfanne oder Grillplatte bei mittlerer Hitze und schmelzen Sie eine kleine Menge Butter oder Öl.

d) Legen Sie die eingeweichten Brotscheiben auf die Pfanne und braten Sie sie auf jeder Seite etwa 2–3 Minuten lang goldbraun.

e) Wiederholen Sie den Vorgang mit den restlichen Brotscheiben und geben Sie nach Bedarf mehr Butter oder Öl in die Pfanne.

f) Servieren Sie den Holunderblüten-French-Toast warm mit Ihren Lieblingszutaten wie Puderzucker, Ahornsirup, frischen Früchten oder einem Klecks Schlagsahne.

## 12. Holunderblütenwaffeln

**ZUTATEN:**
- 1½ Tassen (220 g) Allzweck-Weißmehl
- ½ Tasse (70 g) Vollkornmehl (oder verwenden Sie reines Weißmehl)
- 2 Eier, getrennt
- ¾ Tasse (180 ml) Milch, Milchprodukte oder pflanzliche Milch
- ¼ Tasse (60 ml) Holunderblüten-Zitronensirup (oder Ersatzmilch)
- ¼ Tasse (60 ml) Naturjoghurt (optional)
- 50 g Butter, geschmolzen
- 2 TL Backpulver
- 1 EL Zucker
- Butter oder Öl zum Kochen
- Gemischte Beeren (aufgetaut, falls gefroren)
- Joghurt oder Schlagsahne
- Flüssiger Honig oder Ahornsirup

**ANWEISUNGEN:**

a) Geben Sie zunächst das Weißmehl in eine Rührschüssel. In der Mitte eine Mulde formen und Eigelb, Milch, Likör und optional Joghurt hinzufügen. Diese Zutaten verquirlen, bis ein dicker Teig entsteht. Decken Sie die Schüssel mit einem Teller ab und stellen Sie sie über Nacht in den Kühlschrank.

b) Geben Sie das Eiweiß in einen abgedeckten Behälter, lassen Sie es aber auf der Küchenarbeitsplatte (stellen Sie es nicht in den Kühlschrank), um den morgendlichen Vorgang zu vereinfachen.

c) Den Teig aus dem Kühlschrank holen. Die Butter schmelzen und zusammen mit dem Backpulver vorsichtig unter den Teig heben.

d) Eiweiß und Zucker in eine separate Schüssel geben. Mit einem elektrischen Schneebesen verrühren, bis sich weiche Spitzen bilden. Geben Sie zum Teig einen Löffel geschlagenes Eiweiß, um ihn aufzulockern, und heben Sie ihn dann vorsichtig unter das restliche Baiser.

e) Vermeiden Sie ein übermäßiges Mischen, um das Volumen der Mischung beizubehalten. Wenn Sie möchten, können Sie diesen Schritt überspringen und am Vorabend das ganze Ei und den Zucker zum Teig geben.

f) Heizen Sie Ihr Waffeleisen auf. Geben Sie eine kleine Menge Butter hinzu (bevorzugt ist geklärte Butter, um ein Anbrennen zu verhindern) und bestreichen Sie die heißen Platten mit einem Backpinsel gleichmäßig.

g) Geben Sie etwa eine halbe Tasse Teig in das Waffeleisen, schließen Sie den Deckel und backen Sie ihn, bis er goldbraun wird, was normalerweise etwa 2 Minuten dauert.

h) Alternativ können Sie auch eine Bratpfanne mit schwerem Boden verwenden und heiße Kuchen bei mäßiger Hitze backen, bis beide Seiten goldbraun sind.

i) Legen Sie die fertigen Waffeln auf ein Kuchengitter am Tisch, damit sie nicht durchnässen. Sofort mit erwärmten Beeren und einem Klecks Joghurt oder Sahne servieren und anschließend mit Honig oder Ahornsirup beträufeln.

j) Genießen Sie Ihre leckeren Holunderblütenwaffeln!

## 13. Holunderblüten-Granola

**ZUTATEN:**
- 250g Vollkornhafer
- 180 g gemischte Nüsse und Samen (Mandelblättchen, Haselnüsse, Kürbiskerne und Buchweizengrütze)
- 45 ml Holunderblütensirup (Rezept siehe meinen letzten Beitrag)
- 15 ml Wasser
- 80g Kokosöl
- 100 g Trockenfrüchte Ihrer Wahl (getrocknete Kirschen und Goji-Beeren)

**ANWEISUNGEN:**

a) Beginnen Sie damit, Ihren Backofen auf 180 Grad Celsius (356 Grad Fahrenheit) vorzuheizen.

b) In einer großen Rührschüssel Vollkornhafer, gemischte Nüsse, Samen und Buchweizengrütze vermischen. Stellen Sie sicher, dass Sie sie gründlich vermischen.

c) In einem kleinen Topf Kokosöl, Holunderblütensirup und Wasser vermischen. Erhitzen Sie diese Mischung etwa 5 Minuten lang bei schwacher Hitze. Dies wird dazu beitragen, die Aromen hervorzuheben.

d) Die flüssige Mischung löffelweise über die nussige Hafermischung träufeln. Achten Sie darauf, alles gut zu vermischen und sicherzustellen, dass alle trockenen Zutaten gleichmäßig mit der mit Holunderblüten angereicherten Flüssigkeit bedeckt sind.

e) Verteilen Sie diese beschichtete Mischung gleichmäßig auf zwei Bräter. Legen Sie sie in den vorgeheizten Ofen und backen Sie sie etwa eine halbe Stunde lang. Das Müsli sollte schön gebräunt und geröstet sein. Um ein Anbrennen zu vermeiden und eine gleichmäßige Farbe zu erzielen, denken Sie daran, das Müsli während des Backvorgangs häufig zu mischen.

f) Sobald das Müsli fertig gebacken und abgekühlt ist, fügen Sie die getrockneten Kirschen und Goji-Beeren hinzu. Mischen Sie sie vorsichtig unter die Müslimischung.

g) Füllen Sie Ihr Holunderblüten-Müsli in einen großen, luftdichten Behälter. Es kann bis zu 3 Wochen gelagert werden, sodass Sie diesen köstlichen und nahrhaften Leckerbissen nach Belieben genießen können.

## 14.Pochierte Eier mit Holunderblüten-Hollandaise

**ZUTATEN:**
- 4 Eier
- 1 EL Weißweinessig
- 150 g ungesalzene Butter
- 3 TL Holunderblütenessig
- englischer Muffin
- 200 g Frühlingsgrün, zerkleinert
- Zwiebelmarmelade
- Optionale Garnitur: Primelblüten und rote Shisoblätter

**ANWEISUNGEN:**

a) Beginnen Sie mit dem Pochieren von zwei Eiern. Bringen Sie einen Topf mit Wasser zum Kochen, geben Sie einen Schuss Weißweinessig hinzu und reduzieren Sie die Hitze auf ein leichtes Köcheln. Schlagen Sie jedes Ei zuerst in eine Tasse auf und lassen Sie es dann vorsichtig in das kochende Wasser gleiten. Je nach Vorliebe für die Eigelbkonsistenz 3–4 Minuten pochieren. Die pochierten Eier mit einem Schaumlöffel aus dem Wasser nehmen.

b) Das zerkleinerte Frühlingsgrün in etwas Butter anbraten, damit es weich wird, dann mit Salz und Pfeffer abschmecken.

c) Für die Sauce Hollandaise 125 g ungesalzene Butter schmelzen und alle weißen Feststoffe abschöpfen. Halten Sie die Butter warm, während Sie einen separaten Topf mit Wasser zum Kochen bringen. In einer Schüssel, die über den Kochtopf passt, die Eigelbe der beiden restlichen Eier und den Holunderblütenessig verrühren, bis ein luftiger Schaum (bekannt als Sabayon) entsteht. Nehmen Sie die Schüssel vom Herd und schlagen Sie eine kleine Menge der geschmolzenen Butter hinein.

d) Stellen Sie es wieder auf den Herd und rühren Sie ständig weiter. Wiederholen Sie diesen Vorgang, bis die gesamte Butter eingearbeitet ist und eine Mayonnaise-ähnliche Konsistenz entsteht. Würzen Sie die Hollandaise mit Meersalz und frisch gemahlenem schwarzem Pfeffer nach Ihrem Geschmack.

e) Den englischen Muffin halbieren und toasten. Etwas süße Zwiebelmarmelade auf die Muffinhälften streichen.

f) Das sautierte Frühlingsgrün auf die Muffinhälften schichten. Legen Sie die pochierten Eier auf das Gemüse und beträufeln Sie die Eier anschließend großzügig mit der Holunderblüten-Hollandaise-Sauce.

g) Nach Belieben mit Kresse oder essbaren Frühlingsblumen wie Primel und roten Shiso-Blättern garnieren.

## 15. Erdbeer-Holunderblüten-Crepes

## ZUTATEN:
### PFANNKUCHENTEIG:
- 250 ml Milch
- 1 Bio-Ei
- 1 Esslöffel Holunderblütensirup
- 100 g Mehl

### BUTTERSAUCE MIT HOLUNDERBLUMENSIRUP:
- 50 g Butter
- 70 ml Holunderblütensirup
- 100 g Erdbeeren

## ANWEISUNGEN:

a)   Bereiten Sie zunächst den Teig für die Crêpes vor. Das Mehl in eine Schüssel sieben, dann das Ei, den Holunderblütensirup und die Milch hinzufügen. Rühren, bis ein glatter, klumpenfreier Teig entsteht.

b)   Erhitzen Sie eine Pfanne bei mittlerer Hitze und fetten Sie sie leicht mit Öl ein. Backen Sie die dünnen Pfannkuchen portionsweise und falten Sie sie dann zu Dreiecken.

c)   In einer anderen Pfanne die Butter bei mittlerer Hitze schmelzen. Den Holunderblütensirup dazugeben und verrühren. Die gefalteten Pfannkuchendreiecke in die Pfanne geben. Lassen Sie sie in der köstlichen Sauce einweichen und wenden Sie sie dann um. Erwärmen Sie sie, und Sie können sie servieren.

d)   Die Crêpes sofort auf Tellern anrichten und mit frischen Erdbeeren belegen. Für eine zusätzliche Süße können Sie sie mit Puderzucker bestreuen oder mit einer Kugel Vanilleeis kombinieren.

e)   Genießen Sie dieses köstliche Pfannkuchengericht und genießen Sie die harmonische Geschmacksmischung!

# 16. Dänische Holunderblütenpfannkuchen

**ZUTATEN:**
- 125 g Mehl oder weißes Vollkornmehl (1 Tasse)
- 250 ml entrahmte Frischmilch (1 Tasse)
- 3 Eier
- 3 EL Zucker oder Holunderblütensirup
- 1/2 TL Vanillepulver (optional)
- 1 EL Speiseöl oder eine Kombination aus Butter und Speiseöl zum Braten
- 6 Stiele Holunderblüten

**ANWEISUNGEN:**

a) In einer Rührschüssel Mehl, Vanillepulver und Zucker (oder Holunderblütensirup) vermischen.

b) Milch, Eier und Holunderblütensirup (falls kein Zucker verwendet wird) zu den trockenen Zutaten geben. Alles mit einem Schneebesen oder einem Handmixer gut verrühren.

c) Den Pfannkuchenteig möglichst 30 Minuten im Kühlschrank ruhen lassen.

d) Untersuchen Sie die von Ihnen gepflückten Holunderblüten und schütteln Sie eventuelle Insekten ab.

e) Erhitzen Sie eine Pfanne mit Speiseöl bei mittlerer Hitze (ca. Nr. 5 oder 6 auf dem Herd).

f) Tauchen Sie jeweils einen Holunderblütenstiel in den Pfannkuchenteig und legen Sie ihn auf die Pfanne.

g) Setzen Sie diesen Vorgang fort, bis die Pfanne voll ist. Wenn Sie lieber einen Pfannkuchen pro Holunderblütenstiel backen möchten, achten Sie darauf, die Pfanne nicht zu überfüllen.

h) Wenn der Pfannkuchen auf einer Seite goldbraun wird, wenden Sie ihn vorsichtig um und braten Sie die andere Seite, bis er ebenfalls goldbraun ist.

i) Servieren Sie Ihre Holunderblüten-Pfannkuchen nach Wunsch mit Ahornsirup und Beeren.

j) Genießen Sie diese dänischen Holunderblütenpfannkuchen, eine einzigartige und geschmackvolle Variante eines klassischen Pfannkuchenrezepts!

TEE

## 17. Chrysanthemen- und Holunderblütentee

**ZUTATEN:**
- 1/2 Esslöffel Chrysanthemenblüten
- 1/2 Esslöffel Holunderblüten
- 1/2 Esslöffel Pfefferminze
- 1/2 Esslöffel Brennnesselblätter

**ANWEISUNGEN:**

a) Alle Zutaten in eine Teekanne geben, mit 300 ml kochendem Wasser bedecken, ziehen lassen und servieren.

b) Trinken Sie während der Heuschnupfensaison 4 Tassen täglich.

## 18. Calendulablüten Erkältungspflegetee

**ZUTATEN:**
- Ringelblumenblüten kneifen
- Eine Prise Salbeiblätter
- Hibiskusblüten kneifen
- Holunderblüten kneifen
- 2 Tassen Wasser , abgekocht
- Honig

**ANWEISUNGEN:**
a) Ringelblume, Salbei, Hibiskus und Holunderblüten in ein Glas geben.
b) Gekochtes Wasser in das Glas geben.
c) Mit einem Deckel verschließen und 10 Minuten ziehen lassen.
d) Honig hinzufügen.

# 19. Erkältungs- und Grippetee

**ZUTATEN**
- 1 Unze Brombeerblätter
- 1 Unze Holunderblüten
- 1 Unze Lindenblüten
- 1 Unze Pfefferminzblätter

**ANWEISUNGEN:**
a) Gießen Sie 1 Tasse kochendes Wasser über 2 Esslöffel der Mischung.
b) Abdecken und 10 Minuten ziehen lassen; Beanspruchung.

## 20. Echinacea- Tee zur Immununterstützung

**ZUTATEN:**
- ¼ Tasse Echinacea
- ¼ Tasse Holunderbeeren
- ¼ Tasse Astragalus
- ¼ Tasse Hagebutten
- ¼ Tasse Kamille

**ANWEISUNGEN:**
a) Alles vermischen und in einem Glas aufbewahren.
b) Verwenden Sie 2 Teelöffel pro Tasse heißes Wasser.
c) 10 Minuten ziehen lassen.

## 21. Holunderblüten- und Kamillentee

**ZUTATEN:**
- 1-2 Holunderblütenteebeutel oder 1-2 Teelöffel getrocknete Holunderblüten
- 1-2 Kamillenteebeutel oder 1-2 Teelöffel getrocknete Kamillenblüten
- Heißes Wasser

**ANWEISUNGEN:**
a) Geben Sie die Holunderblüten- und Kamillenteebeutel oder Trockenblumen in eine Teekanne oder Tasse.
b) Die Kräuter mit heißem Wasser übergießen.
c) Lassen Sie den Tee etwa 5-7 Minuten lang ziehen, oder bis Sie die gewünschte Geschmacksstärke erreicht haben.
d) Entfernen Sie die Teebeutel oder seihen Sie die Kräuter ab.
e) Diese Mischung bietet ein beruhigendes und entspannendes Kräutertee-Erlebnis.

## 22. Holunderblüten- und Minztee

**ZUTATEN:**
- 1-2 Holunderblütenteebeutel oder 1-2 Teelöffel getrocknete Holunderblüten
- 1-2 Zweige frische Minze oder 1-2 Minzteebeutel
- Heißes Wasser

**ANWEISUNGEN:**

a) Geben Sie die Holunderblüten-Teebeutel oder getrockneten Holunderblüten in eine Teekanne oder Tasse.

b) Fügen Sie die frischen Minzzweige oder Minzteebeutel hinzu.

c) Die Kräuter mit heißem Wasser übergießen.

d) Lassen Sie den Tee etwa 5-7 Minuten lang ziehen, oder bis Sie die gewünschte Geschmacksstärke erreicht haben.

e) Entfernen Sie die Teebeutel oder seihen Sie die Kräuter ab.

## 23. Holunderblüten- und Zitronentee

**ZUTATEN:**
- 1-2 Holunderblütenteebeutel oder 1-2 Teelöffel getrocknete Holunderblüten
- Scheiben frischer Zitrone
- Heißes Wasser

**ANWEISUNGEN:**
a) Geben Sie die Holunderblüten-Teebeutel oder getrockneten Holunderblüten in eine Teekanne oder Tasse.
b) Fügen Sie frische Zitronenscheiben hinzu.
c) Holunderblüten und Zitrone mit heißem Wasser übergießen.
d) Lassen Sie den Tee etwa 5-7 Minuten lang ziehen, oder bis Sie die gewünschte Geschmacksstärke erreicht haben.
e) Entfernen Sie die Teebeutel oder seihen Sie die Holunderblüten und Zitronenscheiben ab.
f) Dieser Tee bietet eine herrliche Kombination aus Zitrus- und Blumennoten.

## 24. Holunderblüten-Eistee

**ZUTATEN:**
- 4 Teebeutel Holunderblüten oder 4 Teelöffel getrocknete Holunderblüten
- 4 Tassen heißes Wasser
- 1/4 Tasse Honig (nach Geschmack anpassen)
- Scheiben frische Zitrone oder Limette (optional)
- Eiswürfel

**ANWEISUNGEN:**

a)   Geben Sie die Holunderblüten-Teebeutel oder getrockneten Holunderblüten in einen Krug.

b)   Die Holunderblüten mit heißem Wasser übergießen und etwa 10-15 Minuten ziehen lassen.

c)   Entfernen Sie die Teebeutel oder seihen Sie die Holunderblüten ab.

d)   Den Honig einrühren, solange der Tee noch warm ist, bis er sich auflöst.

e)   Lassen Sie den Tee auf Raumtemperatur abkühlen und stellen Sie ihn dann in den Kühlschrank, bis er kalt ist.

f)   Servieren Sie den Holunderblüten-Eistee auf Eis und garnieren Sie ihn nach Wunsch mit Zitronen- oder Limettenscheiben.

## SNACKS UND VORSPEISEN

## 25.Holunderblüten-Madeleines mit Schokoladensauce

**ZUTATEN:**
**FÜR DIE MADELEINES:**
- 100 g Butter, plus etwas Butter zum Einfetten
- 1 Esslöffel Holunderblütensirup
- Fein abgeriebene Schale einer halben unbehandelten Zitrone
- 100g Puderzucker
- 2 mittelgroße Waitrose British Blacktail Eggs
- 100 g Mehl, plus etwas Mehl zum Bestäuben
- ½ Teelöffel Backpulver

**FÜR DIE WEISSE SCHOKOLADENSAUCE:**
- 170 ml Dose Doppelrahm
- 100 g weiße Schokolade, gehackt
- 2 Esslöffel Holunderblütensirup
- Fein abgeriebene Schale einer halben unbehandelten Zitrone

**ANWEISUNGEN:**

a) Für die Madeleines die Butter in einem kleinen Topf bei mittlerer Hitze erhitzen, bis sie geschmolzen ist. Holunderblütensirup und Zitronenschale unterrühren und etwas abkühlen lassen.

b) Geben Sie den Zucker und die Eier in die Schüssel einer Küchenmaschine und schlagen Sie 6-7 Minuten lang auf hoher Geschwindigkeit, bis die Mischung leicht und dick ist. Der Schneebesen hinterlässt eine Spur in der Mischung, die nach 3 Sekunden verschwindet.

c) Mehl und Backpulver in einer kleinen Schüssel vermischen und dann in die Eimischung sieben. Mit einem Metalllöffel oder einem flexiblen Spatel die trockenen Zutaten unterheben, bis das gesamte Mehl vermischt ist.

d) Die Butter-Holunderblüten-Mischung zum Teig geben und verrühren. Decken Sie die Schüssel mit Frischhaltefolie ab und lassen Sie sie mindestens 30 Minuten oder über Nacht kalt stellen.

e) Fetten Sie eine Madeleine-Form mit 12 Löchern großzügig mit Butter ein (Sie können mit den Fingern sicherstellen, dass alle Ritzen bedeckt sind), bestäuben Sie sie leicht mit Mehl und stellen Sie sie zum Abkühlen in den Gefrierschrank. In der Zwischenzeit den Backofen auf 200 °C (Gas Stufe 6) vorheizen.

f) In jedes Loch 1 gehäuften Teelöffel Teig geben. Die Mischung verteilt sich beim Backen, sodass Sie die Form nicht füllen müssen. 8-10 Minuten backen, bis sich in der Mitte ein klassischer Buckel gebildet hat und die Madeleines sich elastisch anfühlen. Auf ein Kühlregal stellen und mit dem restlichen Teig wiederholen, um 24 Madeleines zuzubereiten.

g) Für die weiße Schokoladensauce die Sahne in einen kleinen Topf geben und erhitzen, bis sie gerade anfängt zu dampfen. Vom Herd nehmen und die gehackte weiße Schokolade hinzufügen.

h) Rühren, bis alles glatt ist. Den Holunderblütensirup und die Zitronenschale untermischen, die Soße in eine warme Schüssel geben und zusammen mit den Madeleines als Dip servieren.

## 26.Holunderblütenkrapfen

**ZUTATEN:**
- 8 Holunderblütenköpfe
- 110 Gramm Mehl
- 2 Esslöffel Sonnenblumenöl
- 150 Milliliter Lagerbier oder Wasser
- 1 Eiweiß
- Öl zum braten
- Puderzucker; gesiebt
- Zitronenscheiben

**ANWEISUNGEN:**
a) Mehl und Salz sieben und mit Öl und Lagerbier zu einem Teig verrühren.
b) 1 Stunde an einem kühlen Ort stehen lassen.
c) Das Eiweiß schlagen, bis eine steife Masse entsteht. Kurz vor der Verwendung des Teigs das Ei unterheben.
d) Etwas Öl in einer tiefen Pfanne oder Fritteuse erhitzen.
e) Tauchen Sie die Blütenköpfe in den Teig, geben Sie sie dann in das rauchend heiße Öl und braten Sie sie goldbraun an.
f) Die Krapfen auf Küchenpapier abtropfen lassen.
g) Auf eine Schüssel stapeln, mit gesiebtem Puderzucker bestreuen und mit Zitronenspalten servieren.

## 27.Holunderblüten-Marmelade-Tarte

**ZUTATEN:**
- 125 g Butter, zimmerwarm
- 35 g (3 gehäufte EL) goldener Kristallzucker
- 100 g Mehl
- 1/2 TL Backpulver
- 40 g Speisestärke
- 10 Esslöffel Holunderblüten- und Birnenmarmelade
- Eine kleine Handvoll ganze Mandeln (oder eine kleinere Menge Mandelblättchen)

**ANWEISUNGEN:**

a) In einer großen Schüssel Butter und Zucker vermischen, entweder von Hand oder mit einer Küchenmaschine. Mehl und Backpulver sieben und vermengen. Geben Sie die Maisstärke hinzu, bis ein weicher Teig entsteht. Achten Sie darauf, nicht zu viel zu mischen; gerade genug, um alles zu vermischen.

b) Heizen Sie den Ofen auf 180 °C/Umluft 160 °C vor. Zehn Löcher in der Muffinform mit etwas Butter einfetten. Walnussgroße Teigstücke abbrechen und in jedes gefettete Loch drücken.

c) Füllen Sie jedes Loch mit der Marmelade. Die Mandeln in Scheiben schneiden und darüber streuen. Etwa 20 Minuten backen oder bis sie goldbraun werden (in manchen Öfen kann es etwas länger dauern). Lassen Sie sie in der Form abkühlen und fest werden, bevor Sie sie herausnehmen. Genießen Sie sie mit einem Glas Holunderblütensirup, egal ob drinnen an einem regnerischen Tag oder draußen in der Sonne!

## 28. Holunderblüten-Pudding-Scheiben mit Rhabarber

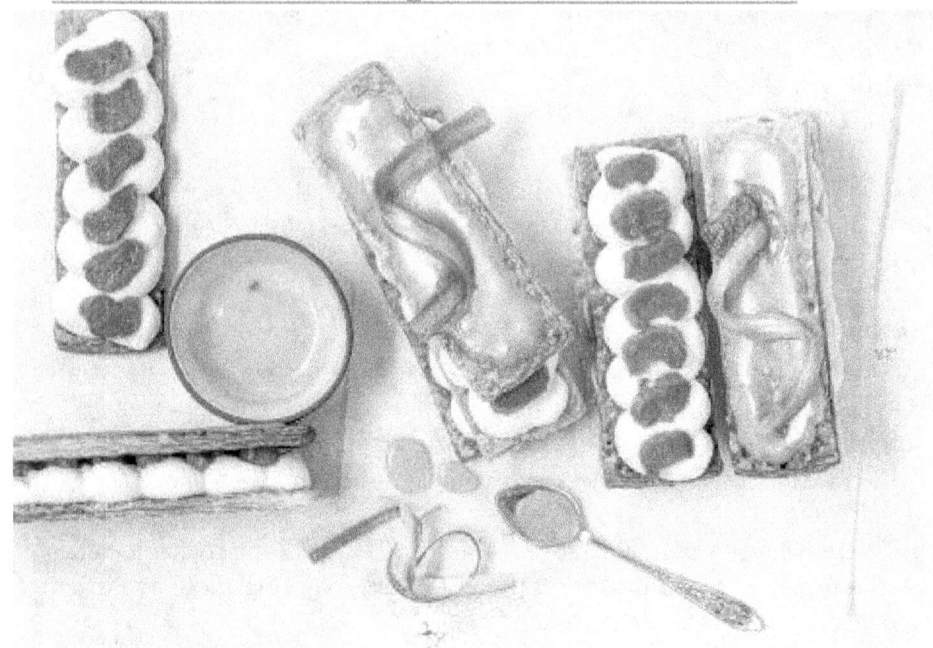

**ZUTATEN:**
**HOLUNDERBLUMENPUdding:**
- 2 dl Vollmilch
- 1 Prise Salz
- 2 frische Eigelb
- 100g Butter, in Stücke schneiden
- 1 ½ EL Maizena-Speisestärke
- 150 g griechischer Naturjoghurt
- 3 EL Holunderblütensirup

**GEBÄCKBLÄTTER:**
- 1 Blätterteig, zu einem Rechteck ausgerollt (ca. 25 x 42 cm)
- 1 EL Zucker
- 2 EL Haferflocken

**RHABARBER:**
- 200 g Rhabarber, in dünne Scheiben geschnitten
- 2 EL Holunderblütensirup
- 2 EL Wasser

**Vanillepuddingscheiben:**
- 40g Puderzucker

## ANWEISUNGEN:
### HOLUNDERBLUMENPUdding:
a) Milch und alle weiteren Zutaten bis und mit Speisestärke in einem Topf verrühren. Diese Mischung bei mittlerer Hitze unter ständigem Rühren zum Kochen bringen.

b) Bei schwacher Hitze unter ständigem Rühren etwa 2 Minuten weiter köcheln lassen, bis die Mischung eindickt.

c) Nehmen Sie die Pfanne vom Herd und rühren Sie noch etwa 2 Minuten weiter.

d) Butter, Joghurt und Holunderblütensirup unterrühren.

e) Decken Sie die Creme ab und lassen Sie sie unter Rühren etwa 2 Stunden lang kalt, bis eine glatte Masse entsteht.

f) Den Vanillepudding in einen Spritzbeutel mit glatter Tülle (ca. 12 mm Durchmesser) füllen und für etwa eine Stunde in den Kühlschrank stellen.

### GEBÄCKBLÄTTER:
g) Stechen Sie den Teig mehrmals mit einer Gabel ein und bestreuen Sie ihn mit Zucker und Haferflocken.

h) Den Teig der Länge nach halbieren und jede Hälfte dann quer in etwa 9 Streifen schneiden.

i) Schieben Sie sie zusammen mit dem Backpapier auf ein Blech, legen Sie ein zweites Blatt Backpapier auf den Teig und beschweren Sie ihn mit einem zweiten Blech.

### BACKEN:
j) In der unteren Hälfte des auf 220 °C vorgeheizten Ofens etwa 20 Minuten backen.

k) Aus dem Ofen nehmen und auf einem Gitter abkühlen lassen.

### RHABARBER:
l) Rhabarber, Sirup und Wasser in einem Topf vermischen und zum Kochen bringen.

m) Abdecken und etwa 2 Minuten köcheln lassen, dann abkühlen lassen.

n) Den Rhabarber abtropfen lassen, dabei 1 EL Flüssigkeit auffangen.

### Vanillepuddingscheiben:
o) Den Puderzucker mit der Rhabarberflüssigkeit verrühren.

p) Die Glasur auf 6 Blätterteigstücken verteilen.

q) Den Vanillepudding und den Rhabarber auf 12 Blätterteigstücken verteilen und zwei Schichten übereinander legen.

r) Mit einer Schicht eisgekühltem Blätterteig belegen.

s) Genießen Sie diese köstlichen Holunderblüten-Pudding-Scheiben mit Rhabarber!

## 29. Holunderblüten-Shortbread-Kekse

**ZUTATEN:**
- 1 Tasse Butter, weich
- 1/4 Tasse Zucker
- 1/4 Tasse Holunderblütensirup
- 1 Teelöffel Zitronenschale
- 1 Teelöffel Vanilleextrakt
- 2 3/4 Tasse ungebleichtes Mehl

**ANWEISUNGEN:**
a) In einer großen Rührschüssel die weiche Butter und den Zucker cremig rühren.
b) Holunderblütensirup und Zitronenschale hinzufügen; Zum Kombinieren gut umrühren.
c) Nach und nach das ungebleichte Mehl unterrühren, bis ein weicher Teig entsteht.
d) Legen Sie den Teig auf ein großes Blatt Backpapier und rollen Sie ihn dann zu einer Rolle. Stellen Sie es für eine Stunde in den Kühlschrank.
e) Heizen Sie Ihren Backofen auf 350 Grad F (180 °C) vor.
f) Den gekühlten Keksteig in 6 mm dicke Scheiben schneiden.
g) Legen Sie die Scheiben auf ein mit Backpapier ausgelegtes Backblech und lassen Sie etwas Abstand zwischen ihnen, da sie sich beim Backen ausbreiten.
h) 15 bis 18 Minuten backen oder bis die Kekse leicht gebräunt sind.
i) Es ist wichtig, die Kekse gründlich abkühlen zu lassen, bevor Sie sie vom Backblech nehmen, damit sie nicht zerbrechen.
j) Genießen Sie diese köstlichen Holunderblüten-Mürbeteigkekse mit ihrem wunderbar blumigen Geschmack!

## 30.Sauerteig-Maismehl- und Holunderblütenbrot

**ZUTATEN:**
- Holunderblüten
- 150 g Sauerteigstarter (50 % Flüssigkeitszufuhr)
- 50g Weizenmehl
- 150 g Maismehl (zu einer viel feineren Textur gemahlen)
- 150 g Maismehl (das, das Sie für „Polenta" verwenden)
- 125g Butter
- 150 g) Zucker
- 2 Eier
- 1 Teelöffel Backpulver
- Eine Prise Salz
- Puderzucker (zum Bestäuben)

**ANWEISUNGEN:**
a)   Entfernen Sie zunächst die winzigen Blüten von den Holunderblütenstielen. Sie benötigen etwa 3 Handvoll Blüten, etwa ab 10 Dolden.
b)   Die Butter auf Zimmertemperatur erweichen.
c)   Das Mehl auf eine saubere Arbeitsfläche sieben. Fügen Sie alle anderen Zutaten hinzu und verarbeiten Sie die Mischung vorsichtig mit den Händen, bis eine Teigkugel entsteht.
d)   Den Teig in eine Schüssel geben, mit Frischhaltefolie oder einem sauberen Küchentuch abdecken und mehrere Stunden gehen lassen. Sie können es abends zubereiten und über Nacht bei Zimmertemperatur ruhen lassen. Wenn es kalt ist, ist es eine Option, den Teig in den Kühlschrank zu stellen.
e)   Dieser Teig geht normalerweise nicht stark auf, insbesondere aufgrund des Maismehls. Keine Sorge, das ist normal, auch wenn man Backpulver verwendet.
f)   Teilen Sie den Teig in runde, leicht gepresste Minibrote mit einem Durchmesser von jeweils etwa 8 cm. An dieser Stelle können Sie sie mit Puderzucker bestäuben.
g)   Legen Sie die Minibrote auf ein Backblech und lassen Sie etwas Abstand zwischen ihnen.
h)   Im vorgeheizten Backofen bei 180 °C etwa 30 Minuten backen.
i)   Genießen Sie Ihr Sauerteig-Maismehl-Holunderblüten-Brot, einen einzigartigen und köstlichen Genuss mit der Essenz von Holunderblüten!

## 31. Zitronen-Holunderblüten-Mürbeteig

**ZUTATEN:**
- 295 g ungesalzene Butter
- 1 Zitrone
- 110g Puderzucker
- 225 g einfaches Mehl
- 110g Speisestärke
- 2 Esslöffel Zitronensaft
- 150g Puderzucker
- 1 ½ Teelöffel Holunderblütensirup
- Puderzucker (nach Bedarf)
- Wasser (nach Bedarf)

**ANWEISUNGEN:**

a) Heizen Sie Ihren Backofen auf 160 °C (320 °F) vor.

b) In einer großen Rührschüssel die Schale der Zitrone abreiben und dann den Saft auspressen. Legen Sie die Zitronenschale zur späteren Verwendung beiseite.

c) Die ungesalzene Butter und den Puderzucker schaumig rühren, bis eine leichte, lockere Masse entsteht.

d) Das Mehl und die Speisestärke sieben und den Zitronensaft hinzufügen. Die Zutaten vermischen, bis ein glatter Teig entsteht.

e) Rollen Sie den Teig zu einer Kugel, bedecken Sie ihn mit Plastikfolie und stellen Sie ihn etwa 30 Minuten lang in den Kühlschrank, damit er fester wird.

f) Während der Teig abkühlt, bereiten Sie ein mit Backpapier ausgelegtes Backblech vor.

g) Nehmen Sie den Teig nach 30 Minuten aus dem Kühlschrank und rollen Sie ihn auf einer leicht bemehlten Oberfläche auf die gewünschte Dicke aus (normalerweise etwa 1/2 Zoll oder 1,25 cm).

h) Mit Ausstechformen Formen aus dem Teig ausstechen. Legen Sie die Ausschnitte auf das vorbereitete Backblech und lassen Sie zwischen ihnen etwas Platz.

i) Backen Sie die Shortbreads im vorgeheizten Ofen 20–25 Minuten lang oder bis sie leicht goldbraun sind.

j) Nehmen Sie das Mürbeteiggebäck aus dem Ofen und lassen Sie es einige Minuten auf dem Backblech abkühlen, bevor Sie es zum vollständigen Abkühlen auf einen Rost legen.

k) Während das Shortbread abkühlt, bereiten Sie die Glasur vor. In einer Schüssel Puderzucker, Holunderblütensirup und etwas Wasser vermischen, bis die gewünschte Konsistenz erreicht ist. Achten Sie darauf, dass es nicht zu flüssig wird.

l) Sobald das Shortbread abgekühlt ist, die Glasur über die Kekse träufeln. Sie können einen Löffel, einen Spritzbeutel oder einen Plastik-Sandwichbeutel mit einem kleinen Loch in einer Ecke verwenden.

m) Streuen Sie die übrig gebliebene Zitronenschale darüber, um dem Ganzen einen schönen letzten Schliff zu verleihen.

n) Lassen Sie die Glasur fest werden, bevor Sie Ihr köstliches Zitronen-Holunderblüten-Shortbread servieren.

## 32. Schmelzende Momente der Holunderblüte

**ZUTATEN:**
**FÜR DIE KEKSE:**
- 200g weiche Butter
- ¾ Tasse Puderzucker
- ½ TL Backpulver
- 1 Tasse Maismehl
- 1 Tasse einfaches Mehl

**Für die Glasur:**
- 2 TL weiche Butter
- 1 TL Holunderblütensirup (Monin)
- 1 Tasse Puderzucker

**ANWEISUNGEN:**

a) Heizen Sie Ihren Backofen auf 180°C vor.

b) In einer Rührschüssel die weiche Butter und den Puderzucker verrühren, bis die Masse hell wird.

c) Mehl, Speisestärke und Backpulver sieben und diese trockenen Zutaten dann unter die cremige Butter-Zucker-Mischung mischen.

d) Rollen Sie den Teig zu kleinen Kugeln und legen Sie diese auf ein gefettetes Backblech. Drücken Sie vorsichtig mit den Zinken einer Gabel auf jede Kugel.

e) Backen Sie die Kekse 15–20 Minuten lang oder bis sie leicht golden werden.

f) Während die Kekse backen, bereiten Sie die Glasur vor. Weiche Butter mit Holunderblütensirup verrühren. Den Puderzucker sieben und zur Butter-Sirup-Mischung geben. Fügen Sie gerade so viel kochendes Wasser hinzu, dass eine glatte Paste entsteht.

g) Sobald die Kekse gebacken und abgekühlt sind, bestreichen Sie die Hälfte davon mit der Glasur.

h) Belegen Sie jeden gefrorenen Keks mit einem anderen Keks, um ein Sandwich zu erhalten.

i) Dieses Rezept ergibt 12 köstliche Holunderblüten-Schmelzmomente. Genießen!

## 33. Holunderblüten und Prosciutto Crostini

**ZUTATEN:**
- Baguette oder Baguette
- 1/2 Tasse Holunderblütensirup
- 6 Scheiben Prosciutto
- 1/2 Tasse Ziegenkäse
- Frische Basilikumblätter
- Olivenöl zum Beträufeln

**ANWEISUNGEN:**
a) Schneiden Sie das Baguette in 1/2 Zoll dicke Scheiben und rösten Sie diese, bis sie goldbraun sind.
b) Auf jeden Toast eine Schicht Ziegenkäse streichen.
c) Holunderblütensirup über den Ziegenkäse träufeln.
d) Auf jeden Toast eine Scheibe Prosciutto legen.
e) Mit frischen Basilikumblättern garnieren und mit etwas Olivenöl beträufeln.

## 34. Holunderblüten- und Gurkentee-Sandwiches

**ZUTATEN:**
- 1 Gurke, in dünne Scheiben geschnitten
- 8 Scheiben Weißbrot
- 1/4 Tasse Holunderblütensirup
- Frischkäse

**ANWEISUNGEN:**
a) Entfernen Sie die Kruste vom Brot und bestreichen Sie jede Scheibe mit Frischkäse.
b) Auf vier der Scheiben Gurkenscheiben verteilen.
c) Holunderblütensirup über die Gurke träufeln.
d) Mit den restlichen Brotscheiben belegen, um Sandwiches zu machen.
e) Schneiden Sie die Sandwiches in mundgerechte Stücke oder in traditionelle Tee-Sandwich-Formen.

## 35. Holunderblüten und Brie-Quesadillas

**ZUTATEN:**
- Mehl Tortillas
- 1/4 Tasse Holunderblütensirup
- Briekäse, in Scheiben geschnitten
- Geschnittene Erdbeeren
- Frische Minzblätter

**ANWEISUNGEN:**
a) Legen Sie Scheiben Brie-Käse und Erdbeeren auf eine Hälfte einer Tortilla.
b) Holunderblütensirup über die Füllungen träufeln.
c) Mit frischen Minzblättern belegen.
d) Falten Sie die Tortilla in der Mitte, sodass eine Halbmondform entsteht.
e) Erhitzen Sie eine Pfanne oder Grillplatte und kochen Sie die Quesadilla, bis der Käse geschmolzen und die Tortilla knusprig ist.
f) In Spalten schneiden und servieren.

## 36. Canapés mit Holunderblüten und geräuchertem Lachs

**ZUTATEN:**
- Mini-Toastscheiben oder Cracker
- 1/4 Tasse Holunderblütensirup
- Räucherlachs
- Frischkäse
- Frischer Dill

**ANWEISUNGEN:**
a) Jede Toastscheibe mit einer Schicht Frischkäse bestreichen.
b) Mit einem kleinen Stück Räucherlachs belegen.
c) Holunderblütensirup über den Lachs träufeln.
d) Mit frischem Dill garnieren.

# 37. Mit Holunderblüten und Blauschimmelkäse gefüllte Datteln

**ZUTATEN:**
- Medjool-Datteln, entkernt
- 1/4 Tasse Holunderblütensirup
- Blauer Käse
- Gehackte Walnüsse oder Pekannüsse

**ANWEISUNGEN:**
a) Füllen Sie jede Dattel vorsichtig mit einer kleinen Menge Blauschimmelkäse.
b) Die gefüllten Datteln mit Holunderblütensirup beträufeln.
c) Gehackte Walnüsse darüber streuen.

# HAUPTKURS

# 38. Adobo-Rindfleischsalat mit Holunderblütensalsa

## ZUTATEN:
- 1 Esslöffel Pflanzenöl
- 2 Rinderfilets, gereinigt
- ½ Tasse Adobo-Sauce
- ½ Tasse Weißwein
- ¼ Tasse Zucker
- ½ Tasse Holunderblüten, getrocknet
- ½ Tasse Ingwer, geschält und gewürfelt
- Saft von 1 Zitrone
- 2 Esslöffel Walnussöl
- 2 Schalotten, gewürfelt
- 2 Tassen Aprikosen, gewürfelt
- 2 Esslöffel Basilikum, gehackt
- 2 Esslöffel Minze, gehackt
- 2 Teelöffel Meersalz
- 1 Pfund gemischtes Grünzeug, gereinigt
- 1 Pfund Babygemüse, der Länge nach halbieren
- 3 Basilikumzweige

## ANWEISUNGEN:
### SPANISCHE GEWÜRZ-UND MARINADENMISCHUNG
a) Chilis 15 Minuten in heißem Wasser einweichen und pürieren.
b) Rindfleisch in Adobo-Sauce und Pflanzenöl marinieren und im Kühlschrank aufbewahren.

### SALSA ZUBEREITEN
c) Wein, Zucker, Holunderblüten, Ingwer und Zitrone in einen Topf geben und zum Kochen bringen.
d) Beiseite stellen und mindestens 15 Minuten ziehen lassen.
e) Ohne zu pressen durch ein feines Sieb passieren, dann Walnussöl, Pfirsiche, Schalotten, Basilikum und Minze hinzufügen und mit Salz würzen.
f) Beiseite legen.
g) In einer Bratpfanne bei starker Hitze das Rindfleisch auf jeder Seite 45 Sekunden bis 1 Minute anbraten.
h) Babygemüse mit Basilikumzweigen in Pflanzenöl 2 Minuten anbraten und die Pfanne mit 30 ml Vinaigrette ablöschen.
i) Das Gemüse in der Mitte jedes Tellers verteilen, das Rindfleisch darauf legen und Gemüse und Salsa rund um das Rindfleisch und das Gemüse verteilen.

## 39. Holunderblüten – glasierter Lachs

**ZUTATEN:**
- 4 Lachsfilets
- ½ Tasse Holunderblütensirup
- 2 Esslöffel Sojasauce
- 1 Esslöffel Reisessig
- 1 Esslöffel gehackter Knoblauch
- Salz und Pfeffer nach Geschmack
- Frischer Koriander zum Garnieren

**ANWEISUNGEN:**

a) Heizen Sie den Ofen auf 190 °C (375 °F) vor und legen Sie ein Backblech mit Backpapier aus.

b) In einer kleinen Schüssel Holunderblütensirup, Sojasauce, Reisessig, gehackten Knoblauch, Salz und Pfeffer verrühren.

c) Die Lachsfilets auf das vorbereitete Backblech legen und großzügig mit der Holunderblütenglasur bestreichen.

d) Backen Sie den Lachs etwa 12–15 Minuten lang oder bis er gar und flockig ist.

e) Aus dem Ofen nehmen und mit frischem Koriander garnieren. Mit Beilagen Ihrer Wahl servieren.

# 40. Holunderblüten – Mariniertes gegrilltes Hähnchen

**ZUTATEN:**

- 4 Hähnchenbrüste
- ½ Tasse Holunderblütentee (stark aufgebrüht und abgekühlt)
- 2 Esslöffel Olivenöl
- 2 Esslöffel Limettensaft
- 2 Knoblauchzehen, gehackt
- 1 Teelöffel geräuchertes Paprikapulver
- Salz und Pfeffer nach Geschmack

**ANWEISUNGEN:**

a) In einer Schüssel Holunderblütentee, Olivenöl, Limettensaft, gehackten Knoblauch, geräuchertes Paprikapulver, Salz und Pfeffer vermischen.

b) Legen Sie die Hähnchenbrüste in einen Druckverschlussbeutel und gießen Sie die Marinade darüber. Verschließen Sie den Beutel und massieren Sie ihn, um sicherzustellen, dass das Huhn gleichmäßig bedeckt ist.

c) Marinieren Sie das Huhn mindestens 2 Stunden oder über Nacht im Kühlschrank.

d) Den Grill auf mittlere bis hohe Hitze vorheizen. Nehmen Sie das Hähnchen aus der Marinade und entsorgen Sie die Marinade.

e) Grillen Sie die Hähnchenbrust etwa 6–8 Minuten pro Seite oder bis sie gar sind.

f) Vom Grill nehmen und das Hähnchen vor dem Servieren einige Minuten ruhen lassen. In Scheiben schneiden und mit Ihren Lieblingsbeilagen servieren.

## 41. Holunderblüten-Ziegenkäse-Salat

**ZUTATEN:**
- 4 Tassen gemischter Salat
- 1 Tasse gekochte Quinoa
- ½ Tasse zerbröselter Ziegenkäse
- ¼ Tasse getrocknete Holunderblüten
- ¼ Tasse geröstete Pinienkerne
- 2 Esslöffel Balsamico-Essig
- 2 Esslöffel natives Olivenöl extra
- Salz und Pfeffer nach Geschmack

**ANWEISUNGEN:**

a)   In einer großen Salatschüssel den gemischten Salat, die gekochte Quinoa, den zerbröckelten Ziegenkäse, die getrockneten Holunderblüten und die gerösteten Pinienkerne vermischen.

b)   In einer kleinen Schüssel Balsamico-Essig, Olivenöl, Salz und Pfeffer verrühren.

c)   Das Dressing über den Salat träufeln und vorsichtig vermengen.

d)   Servieren Sie den Holunderblüten-Ziegenkäse-Salat als leichte und erfrischende Beilage oder fügen Sie gegrilltes Hähnchen oder Garnelen hinzu, um eine komplette Mahlzeit zu erhalten.

## 42.Holunderblüten -Glasierter Tofu-Pfanne

## ZUTATEN:

- 1 Block fester Tofu, abgetropft und gewürfelt
- ¼ Tasse Holunderblütensirup
- 2 Esslöffel Sojasauce
- 1 Esslöffel Sesamöl
- 1 Esslöffel Maisstärke
- 2 Knoblauchzehen, gehackt
- 1 Teelöffel geriebener Ingwer
- 2 Tassen gemischtes Gemüse (z. B. Paprika, Brokkoli, Zuckererbsen)
- Gekochter Reis oder Nudeln zum Servieren

## ANWEISUNGEN:

a) In einer kleinen Schüssel Holunderblütensirup, Sojasauce, Sesamöl, Maisstärke, gehackten Knoblauch und geriebenen Ingwer verrühren, um die Glasur herzustellen.

b) Einen Esslöffel Öl in einer großen Pfanne oder einem Wok bei mittlerer bis hoher Hitze erhitzen. Die Tofuwürfel dazugeben und von allen Seiten goldbraun und knusprig braten. Den Tofu aus der Pfanne nehmen und beiseite stellen.

c) Geben Sie in derselben Pfanne bei Bedarf noch etwas Öl hinzu und braten Sie das gemischte Gemüse unter Rühren an, bis es knusprig und zart ist.

d) Den Tofu wieder in die Pfanne geben und die Holunderblütenglasur über den Tofu und das Gemüse gießen. Weitere 2–3 Minuten unter Rühren braten, bis die Glasur dicker wird und den Tofu und das Gemüse bedeckt.

e) Servieren Sie die mit Holunderblüten glasierte Tofu-Pfanne über gekochtem Reis oder Nudeln für eine sättigende und geschmackvolle vegetarische Mahlzeit.

# 43. Holunderblüten- Quinoa-Salat

**ZUTATEN:**
- 1 Tasse gekochte Quinoa
- ½ Tasse Holunderblütentee (stark aufgebrüht und abgekühlt)
- 1 Tasse Kirschtomaten, halbiert
- ½ Tasse Gurke, gewürfelt
- ¼ Tasse rote Zwiebel, fein gehackt
- ¼ Tasse zerbröckelter Feta-Käse
- 2 Esslöffel gehackte frische Petersilie
- 2 Esslöffel Zitronensaft
- 2 Esslöffel natives Olivenöl extra
- Salz und Pfeffer nach Geschmack

**ANWEISUNGEN:**

a) In einer großen Schüssel gekochtes Quinoa, Holunderblütentee, Kirschtomaten, Gurke, rote Zwiebel, zerbröckelten Feta-Käse und gehackte frische Petersilie vermischen.

b) In einer kleinen Schüssel Zitronensaft, Olivenöl, Salz und Pfeffer verrühren.

c) Gießen Sie das Dressing über den Quinoa-Salat und vermischen Sie es vorsichtig.

d) Lassen Sie den Salat etwa 15 Minuten ruhen, damit sich die Aromen vermischen. Bei Bedarf nachwürzen.

e) Servieren Sie den mit Holunderblüten angereicherten Quinoa-Salat als erfrischende Beilage oder fügen Sie gegrilltes Hähnchen, Garnelen oder Kichererbsen hinzu, um daraus eine komplette Mahlzeit zu machen.

## 44. Holunderblüten- Pilz-Risotto

**ZUTATEN:**
- 2 Tassen Arborio-Reis
- ½ Tasse getrocknete Holunderblüten
- ½ Tasse Weißwein
- 6 Tassen Gemüsebrühe, erhitzt
- 1 Tasse Champignons, in Scheiben geschnitten
- ½ Tasse geriebener Parmesankäse
- 2 Esslöffel Butter
- 2 Esslöffel Olivenöl
- 2 Knoblauchzehen, gehackt
- Salz und Pfeffer nach Geschmack

**ANWEISUNGEN:**

a) Die Gemüsebrühe in einem Topf zum Kochen bringen und bei schwacher Hitze warm halten.

b) In einem separaten Topf Olivenöl und Butter bei mittlerer Hitze erhitzen. Fügen Sie den gehackten Knoblauch hinzu und braten Sie ihn eine Minute lang an, bis er duftet.

c) Geben Sie den Arborio-Reis in den Topf und rühren Sie ihn um, sodass er mit Öl und Butter bedeckt ist. Einige Minuten kochen lassen, bis die Reiskörner an den Rändern durchscheinend werden.

d) Geben Sie den Weißwein in den Topf und rühren Sie, bis er vom Reis aufgenommen wird.

e) Die getrockneten Holunderblüten in den Topf geben und gut umrühren.

f) Geben Sie zunächst eine Kelle nach der anderen die warme Gemüsebrühe in den Topf und rühren Sie dabei kontinuierlich um, bis jede Zugabe aufgesogen ist, bevor Sie die nächste hinzufügen. Setzen Sie diesen Vorgang etwa 20–25 Minuten lang fort, bis der Reis al dente gekocht ist und eine cremige Konsistenz hat.

g) In einer separaten Pfanne die in Scheiben geschnittenen Champignons anbraten, bis sie braun und zart sind. Mit Salz und Pfeffer würzen.

h) Die sautierten Pilze, den geriebenen Parmesan, Salz und Pfeffer unter das Risotto rühren.

i) Vom Herd nehmen und vor dem Servieren einige Minuten ruhen lassen.

j) Servieren Sie das mit Holunderblüten angereicherte Pilzrisotto heiß und garnieren Sie es nach Wunsch mit zusätzlichem Parmesankäse und frischen Kräutern.

## 45. Schwarze Bohnensuppe mit Holunderblüten

**ZUTATEN:**
- 2 Tassen gekochte schwarze Bohnen
- 4 Tassen Gemüsebrühe
- 1 Tasse gewürfelte Tomaten (aus der Dose oder frisch)
- ½ Tasse gewürfelte Paprika
- ½ Tasse gewürfelte Zwiebeln
- 2 Knoblauchzehen, gehackt
- 2 Esslöffel Olivenöl
- 2 Esslöffel Holunderblütentee (stark aufgebrüht und abgekühlt)
- 1 Teelöffel gemahlener Kreuzkümmel
- ½ Teelöffel Chilipulver
- Salz und Pfeffer nach Geschmack
- Frischer Koriander zum Garnieren
- Sauerrahm oder griechischer Joghurt (optional)

**ANWEISUNGEN:**

a) In einem großen Topf das Olivenöl bei mittlerer Hitze erhitzen. Die gewürfelten Zwiebeln, Paprika und den gehackten Knoblauch hinzufügen. Anbraten, bis die Zwiebeln glasig und die Paprikaschoten leicht weich sind.

b) Geben Sie die gekochten schwarzen Bohnen, die gewürfelten Tomaten, die Gemüsebrühe, den Holunderblütentee, den gemahlenen Kreuzkümmel und das Chilipulver in den Topf. Zum Kombinieren gut umrühren.

c) Bringen Sie die Mischung zum Kochen, reduzieren Sie dann die Hitze und lassen Sie sie etwa 15 bis 20 Minuten köcheln, damit sich die Aromen vermischen.

d) Pürieren Sie die Suppe mit einem Stabmixer oder einem Standmixer, bis sie glatt und cremig ist. Wenn Sie einen Standmixer verwenden, arbeiten Sie in mehreren Portionen und seien Sie beim Mixen heißer Flüssigkeiten vorsichtig.

e) Die Suppe zurück in den Topf geben und mit Salz und Pfeffer abschmecken. Weitere 5 Minuten köcheln lassen.

f) Die mit Holunderblüten angereicherte schwarze Bohnensuppe in Schüsseln füllen und mit frischem Koriander garnieren. Nach Belieben einen Klecks Sauerrahm oder griechischen Joghurt hinzufügen. Heiß mit knusprigem Brot oder Tortillachips servieren.

## 46. Holunderblüten - Marinierte Rindfleischspieße

**ZUTATEN:**
- 1 Pfund Rinderfilet oder Flanksteak, in Würfel geschnitten
- ¼ Tasse Holunderblütensirup
- 2 Esslöffel Sojasauce
- 1 Esslöffel Limettensaft
- 1 Esslöffel Honig
- 1 Teelöffel gemahlener Kreuzkümmel
- 1 Teelöffel geräuchertes Paprikapulver
- 2 Knoblauchzehen, gehackt
- Salz und Pfeffer nach Geschmack
- Metall- oder Holzspieße (bei Verwendung von Holzspießen diese vor dem Grillen 30 Minuten in Wasser einweichen)

**ANWEISUNGEN:**
a) In einer Schüssel Holunderblütensirup, Sojasauce, Limettensaft, Honig, gemahlenen Kreuzkümmel, geräuchertes Paprikapulver, gehackten Knoblauch, Salz und Pfeffer zu einer Marinade verrühren.
b) Legen Sie die Rindfleischwürfel in einen Druckverschlussbeutel und gießen Sie die Marinade darüber. Verschließen Sie den Beutel und massieren Sie ihn, um sicherzustellen, dass das Rindfleisch gleichmäßig bedeckt ist. Im Kühlschrank mindestens 2 Stunden oder über Nacht marinieren.
c) Den Grill auf mittlere bis hohe Hitze vorheizen. Die marinierten Rindfleischwürfel auf die Spieße stecken.
d) Grillen Sie die Spieße etwa 4–6 Minuten pro Seite oder bis das Rindfleisch den gewünschten Gargrad erreicht hat.
e) Vom Grill nehmen und die Spieße vor dem Servieren einige Minuten ruhen lassen. Servieren Sie die mit Holunderblüten marinierten Rindfleischspieße als Vorspeise oder Hauptgericht mit einer Beilage aus gegrilltem Gemüse oder Reis.

# NACHTISCH

# 47. Pochierte Stachelbeeren mit Holunderblüten

**ZUTATEN:**
- 250g Stachelbeeren
- 2 Esslöffel Puderzucker
- 90 ml Holunderblütensirup

**ANWEISUNGEN:**

a)   Beginnen Sie mit dem Pochieren der Stachelbeeren. Geben Sie sie in einen Topf mit schwerem Boden und fügen Sie den Zucker und den Holunderblütensirup hinzu.

b)   Stellen Sie den Topf auf schwache Hitze und rühren Sie, bis sich der Zucker vollständig aufgelöst hat.

c)   Erhöhen Sie die Hitze auf mittlere Stufe und kochen Sie etwa 4 Minuten lang weiter, bis die Stachelbeeren zart sind, aber immer noch ihre Form behalten.

d)   Den Topf vom Herd nehmen und die pochierten Stachelbeeren vollständig abkühlen lassen.

e)   Genießen Sie diese köstlichen pochierten Stachelbeeren als köstliches Dessert oder als Topping für verschiedene Gerichte.

## 48. Zitronen-Holunderblüten-Pfundkuchen

## ZUTATEN:

### ERDBEEREN:
- 1 Pfund Erdbeeren, halbiert (bei großen geviertelt)
- 2 EL. Zucker
- 1 EL. St-Germain (Holunderblütenlikör)

### KUCHEN:
- ¾ Tasse (1½ Stangen) ungesalzene Butter, zimmerwarm, plus etwas Butter zum Einfetten der Pfanne
- 1½ Tassen (188 g) Allzweckmehl, plus etwas Mehl zum Bestäuben der Pfanne
- ½ TL. Backpulver
- ½ TL. Diamond Crystal oder ¼ TL. Morton koscheres Salz
- 3 große Eier, zimmerwarm
- 1¼ Tassen (250 g) Zucker
- 3 EL. St-Germain (Holunderblütenlikör)
- 2 TL. fein abgeriebene Zitronenschale
- 2 TL. Vanilleextrakt
- ½ Tasse Sahne, bei Zimmertemperatur

### GLASUR UND MONTAGE:
- 4 EL. ungesalzene Butter
- 6 EL. Zucker
- ⅓ Tasse frischer Zitronensaft
- Prise koscheres Salz
- 2 EL. St-Germain (Holunderblütenlikör)
- ½ TL. Vanilleextrakt

## ANWEISUNGEN:

### ERDBEEREN:
a) Heizen Sie Ihren Backofen auf 250 °F (121 °C) vor. Legen Sie die Erdbeeren in eine 20 x 20 cm große Auflaufform und vermengen Sie sie mit Zucker und St-Germain. Rösten Sie sie unter etwa stündlichem Rühren, bis sie saftig und zart sind. Dies sollte etwa 2½–3 Stunden dauern. Lassen Sie die gerösteten Erdbeeren abkühlen.

b) Sie können die Erdbeeren bis zu 1 Woche im Voraus rösten. Bewahren Sie sie in einem luftdichten Behälter auf und kühlen Sie sie. Bei Bedarf in einem kleinen Topf noch einmal erhitzen.

### KUCHEN:
c) Heizen Sie Ihren Backofen auf 325 °F (163 °C) vor. Eine 6-Tassen-Gugelhupfform oder eine 9x5-Zoll-Kastenform mit Butter bestreichen und bemehlen. In einer mittelgroßen Schüssel das Backpulver, Salz und 1½ Tassen Mehl verquirlen.

d) Mit einem Elektromixer Eier, Zucker, St-Germain, Zitronenschale, Vanille und ¾ Tasse Butter in einer großen Schüssel bei mittlerer bis niedriger Geschwindigkeit schlagen, bis eine glatte Masse entsteht (verwenden Sie den Rühraufsatz, wenn Sie einen Standmixer verwenden). Dies sollte etwa 2 Minuten dauern (die Mischung scheint zerbrochen zu sein, was in Ordnung ist).

e) Reduzieren Sie die Geschwindigkeit auf eine niedrige Stufe und schlagen Sie nach und nach die trockenen Zutaten hinzu, jeweils ¼ Tasse, dabei nach Bedarf an den Seiten der Schüssel abkratzen, bis sie vollständig vermischt sind. Erhöhen Sie die Geschwindigkeit auf mittel und schlagen Sie die Sahne ein, bis sie vollständig eingearbeitet ist.

f) Den Teig in die vorbereitete Form geben und die Oberfläche glatt streichen. Backen Sie, bis der Kuchen goldbraun wird und ein Teigstück sauber oder nur noch mit ein paar Krümeln herauskommt. Dies sollte etwa 40–45 Minuten dauern, wenn Sie eine Gugelhupfform verwenden, oder 50–60 Minuten, wenn Sie eine Kastenform verwenden. Stellen Sie die Form auf ein Kuchengitter und lassen Sie den Kuchen 20 Minuten lang in der Form abkühlen.

**GLASUR UND MONTAGE:**

g) Während der Kuchen abkühlt, kochen Sie die Butter in einem kleinen Topf bei mittlerer bis niedriger Hitze unter häufigem Schwenken, bis sie schäumt, braun wird (ohne anzubrennen) und ein nussiges Aroma verströmt (ca. 6–8 Minuten). Den Zucker hinzufügen und unter ständigem Rühren kochen, bis er sich aufgelöst hat. Dies sollte etwa 1 Minute dauern.

h) Zitronensaft und Salz unterrühren, dann unter gelegentlichem Rühren kochen, bis die Mischung leicht reduziert ist, etwa 5 Minuten. Fügen Sie St-Germain und Vanille hinzu und kochen Sie unter häufigem Schwenken etwa 2 Minuten lang weiter, bis die Glasur eine siruppartige Konsistenz erreicht.

i) Den Kuchen auf einen Teller stürzen (drehen Sie den Kuchen aufrecht, wenn Sie eine Kastenform verwenden). Stechen Sie mit einem Tester überall Löcher in den Kuchen und löffeln Sie die Glasur über den warmen Kuchen.

j) Den Kuchen in Scheiben schneiden und mit gerösteten Erdbeeren und deren Säften garniert servieren. Genießen!

## 49. Blaubeer-, Holunderblüten- und Zitronentöpfe

**ZUTATEN:**

- 225g Blaubeeren
- 1 EL Holunderblütensirup
- 125 g Puderzucker
- 300 ml Sahne
- Schale und Saft von 2 Zitronen
- 300 g griechischer Naturjoghurt
- 6 Amaretti-Kekse

**ANWEISUNGEN:**

a)   In einem kleinen Topf die Blaubeeren und den Holunderblütensirup vermischen. Vorsichtig erhitzen und gelegentlich schütteln, bis die Beeren etwas Saft abgeben und mit einem leichten Sirup überzogen sind. Dies sollte etwa 3-4 Minuten dauern.

b)   Teilen Sie das Blaubeerkompott auf 6 Gläser oder Auflaufförmchen mit einem Volumen von jeweils etwa 175 ml auf. Kühlen Sie sie, während Sie die Zitronencreme zubereiten.

c)   Den Topf ausspülen und Zucker, Sahne und Zitronenschale hinzufügen. Stellen Sie es auf mittlere Hitze und rühren Sie alles zusammen. Zum Kochen bringen und dann ein paar Minuten köcheln lassen.

d)   Nehmen Sie die Mischung vom Herd und rühren Sie Zitronensaft und Joghurt unter, bis alles gut vermischt ist. Gießen Sie diese Mischung durch ein Sieb in einen Krug.

e)   Die Zitronencreme vorsichtig in die Gläser über das Blaubeerkompott gießen. Die Töpfe mindestens 6 Stunden oder über Nacht kalt stellen, bis sie fest sind.

f)   Kurz vor dem Servieren die Amaretti-Kekse leicht zerdrücken und über die Töpfe streuen.

g)   Genießen Sie diese köstlichen Blaubeer-, Holunderblüten- und Zitronentöpfe als erfrischendes und sättigendes Dessert!

## 50.Rhabarber-Holunderblüten-Tarte

**ZUTATEN:**
**FÜR DAS GEBÄCK:**
- 115 Gramm einfaches Mehl
- 25 Gramm Puderzucker
- 15 Gramm Puderzucker
- 50 Gramm Butter
- 1 Eigelb (klein)
- 2 Esslöffel Eiswasser

**FÜR DIE FRUCHTFÜLLUNG:**
- 500 Gramm Rhabarber (gehackt)
- 5 Esslöffel Holunderblütensirup
- 2 Esslöffel Puderzucker

**FÜR DEN CRUMBLE-TOPPING:**
- 100 Gramm einfaches Mehl
- 50 Gramm Hafer
- 100 Gramm Butter
- 75 Gramm Puderzucker

**ANWEISUNGEN:**
**FÜR DAS GEBÄCK:**
a) In einer Schüssel Mehl, Puderzucker und Puderzucker vermischen.
b) Die Butter einreiben, bis die Mischung wie Semmelbrösel aussieht.
c) Das Eigelb mit dem Eiswasser verquirlen und zur Mehlmischung geben. Mischen und vorsichtig kneten, bis ein weicher Teig entsteht.
d) Den Teig in Frischhaltefolie einwickeln und 30 Minuten im Kühlschrank kalt stellen.
e) Rollen Sie den Teig nach dem Abkühlen aus und füllen Sie damit vier geriffelte 10 cm große Tarteformen aus.
f) Die Teigförmchen mit Backpapier auslegen, mit Backbohnen füllen und im vorgeheizten Ofen bei 190 °C (375 °F) oder Gas Stufe 5 15–20 Minuten lang blind backen.
g) Lassen Sie die Teigförmchen abkühlen.

**FÜR DIE FRUCHTFÜLLUNG:**
h) Den gehackten Rhabarber und den Holunderblütensirup in eine Pfanne geben und zugedeckt vorsichtig erhitzen, bis die Früchte weich sind, aber noch ihre Form behalten.
i) Wenden Sie die Früchte vorsichtig in der Pfanne und schmecken Sie nach Süße ab. Wenn es für Ihren Geschmack zu säuerlich ist, fügen Sie den Puderzucker hinzu. Lassen Sie die Früchte abkühlen.
j) Für das Streusel-Topping:
k) In einer separaten Schüssel die Butter in das Mehl einreiben, bis die Mischung groben Semmelbröseln ähnelt.
l) Haferflocken und Puderzucker unterrühren.

**ZUSAMMENBAU DER TARTE:**
m) Sobald die Früchte abgekühlt sind, wenden Sie sie vorsichtig im Pfannensaft und löffeln Sie sie in die Teigförmchen.
n) Die Früchte mit dem Streusel-Topping belegen.
o) Geben Sie die Törtchen für weitere 15 Minuten in den Ofen, oder bis die Streusel goldbraun sind.
p) Servieren Sie die Rhabarber-Holunderblüten-Tarte warm mit einer Beilage Ihrer Wahl, z. B. Sahne, Vanillesoße oder Eis.
q) Genießen Sie Ihre köstliche Rhabarber-Holunderblüten-Tarte! Es ist eine köstliche Kombination aus säuerlichem Rhabarber- und süßem Holunderblütengeschmack mit einem wohligen Streuselbelag.

## 51. Holunderblütenparfait

**ZUTATEN:**
**FÜR DAS ERDBEERSORBET:**
- 55 g Puderzucker
- 55g Wasser
- 125 g Boiron-Erdbeerpüree
- 5g Zitronensaft
- 12g Sorbet-Stabilisator

**FÜR DIE AUFGEFÜHRTE SCHLAGSCREME:**
- 310g Doppelrahm
- 90g Zweige frische Holunderblüten

**FÜR DAS ITALIENISCHE MERINGUE:**
- Ein Schuss Wasser
- 90g Puderzucker
- 6g Glukosesirup
- 1 1/2 Eiweiß, leicht geschlagen

**FÜR DIE PATE A BOMBE:**
- 50 g Puderzucker
- 75g Eigelb

**FÜR DEN ERDBEERJUS:**
- 125g Erdbeeren
- 32g Puderzucker

**FÜR DIE HOLUNDERBLÜTENKRACHEN:**
- 25 g Tempuramehl
- 40 g Mineralwasser, gekühlt
- 5 Zweige frische Holunderblüten, in einzelne Büschel geteilt
- Neutrales Öl zum Frittieren
- Puderzucker zum Bestäuben, gesiebt

**FÜR GARNIEREN:**
- 1 EL gefriergetrocknete Erdbeeren, zerbröselt

**ANWEISUNGEN:**

a) Um das Sorbet zuzubereiten, stellen Sie einen Sirup her, indem Sie Wasser und Zucker in einem Topf vermischen. Zum Kochen bringen und dann abkühlen lassen, bis es völlig kalt ist (Sie können dies auch auf Eis tun).

b) Den gekühlten Sirup mit Erdbeerpüree, Sorbetstabilisator und Zitronensaft vermischen. Diese Mischung über Nacht in einem Pacojet-Behälter einfrieren.

c) Für die angereicherte Schlagsahne 125 g Sahne auf 60 °C erwärmen und die Holunderblüten dazugeben. 2 Stunden abkühlen lassen. Nicht überhitzen, sonst peitscht es nicht.

d) Die Sahne durch ein Sieb streichen, dabei die gesamte Flüssigkeit herausdrücken, dann die restliche Sahne dazugeben und mittelweich aufschlagen.

e) Für die Baisermasse einen Schuss Wasser mit Zucker und Glukose in einen Topf geben. Erhitze es auf 118°C. Nach und nach das Eiweiß dazugeben und weiter schlagen, bis die Masse kalt ist.

f) Für die Pastete a Bombe das Eigelb in eine Küchenmaschine geben und verrühren, bis sich das Volumen verdreifacht hat.

g) Mischen Sie den Zucker mit gerade so viel Wasser, dass er wie Sand aussieht, geben Sie ihn dann in eine Pfanne und erhitzen Sie ihn auf 115 °C.

h) Gießen Sie das verquirlte Eigelb langsam in die Pfanne und rühren Sie dabei ständig um. Weiter schlagen, bis es kalt ist.

i) Mischen Sie 175 g Baiser mit 125 g Pastete a Bombe und heben Sie dann die aufgegossene Schlagsahne unter. Geben Sie diese Mischung in Parfaitringe aus Metall, die Sie auf ein flaches Tablett legen, und lassen Sie sie über Nacht einfrieren.

j) Für die Erdbeerjus die Erdbeeren in Scheiben schneiden, in einer hitzebeständigen Schüssel mit Zucker vermischen und abdecken. Legen Sie es über einen Topf mit kochendem Wasser und kochen Sie es eine Stunde lang, bis Saft austritt. Füllen Sie bei Bedarf kochendes Wasser nach. Über Eis abkühlen lassen und durch ein Musselintuch abseihen.

k) Bereiten Sie Öl zum Frittieren vor, indem Sie es auf 180 °C erhitzen. Mehl und Wasser auf Eis verquirlen, bis die Konsistenz einer Sahne erreicht ist. Tauchen Sie die Holunderblütenköpfe in den Teig und dann in das Öl. Frittieren Sie sie, bis sie goldbraun sind, und halten Sie sie dabei mit einer Zange im Öl. Aus dem Öl nehmen und auf einem Tuch trocknen, dann mit gesiebtem Puderzucker bestreichen.

l) Arbeiten Sie schnell, indem Sie die Erdbeerjus in 4 eiskalte Krüge füllen. Die Parfaits in 4 Schüsseln füllen und mit Holunderblüten und zerbröckelten Erdbeeren belegen. Das Sorbet pakosisieren und zusammen mit den Krapfen in die Schüsseln geben. Zusammen mit dem Jus servieren.

m) Genießen Sie dieses elegante und köstliche Holunderblütenparfait!

## 52.Exotische Frucht mit Holunderblüten-Zabaglione

**ZUTATEN:**
**FÜR DEN FRUCHSALAT:**
- 1 Mango, geschält, entkernt und gewürfelt
- 1 Papaya, geschält, entkernt und gewürfelt
- 1 Kiwi, geschält und in Scheiben geschnitten
- 1 Tasse frische Ananasstücke
- 1 Tasse frische Erdbeeren, geschält und halbiert
- 1 Tasse frische Blaubeeren
- 1 Tasse frische Himbeeren
- Frische Minzblätter zum Garnieren

**FÜR DIE HOLUNDERBLUME ZABAGLIONE:**
- 4 große Eigelb
- ½ Tasse Kristallzucker
- ½ Tasse Holunderblütenlikör (z. B. St-Germain)
- ½ Tasse trockener Weißwein
- 1 Teelöffel Vanilleextrakt

**ANWEISUNGEN:**
**OBSTSALAT ZUBEREITEN:**
a) In einer großen Schüssel Mango, Papaya, Kiwi, Ananas, Erdbeeren, Blaubeeren und Himbeeren vermischen. Vorsichtig umrühren, um die Früchte gleichmäßig zu vermischen. Während der Zubereitung der Zabaglione im Kühlschrank aufbewahren.

**MACHEN SIE DEN HOLUNDERBLUMEN-ZABAGLIONE:**
b) In einer hitzebeständigen Schüssel Eigelb und Zucker verrühren, bis alles gut vermischt ist.

c) In einem Topf Wasser zum Kochen bringen. Stellen Sie die hitzebeständige Schüssel mit der Eigelbmischung über das siedende Wasser (Wasserbadmethode). Stellen Sie sicher, dass der Boden der Schüssel das Wasser nicht berührt.

d) Den Holunderblütenlikör und den Weißwein nach und nach unter die Eigelbmasse rühren. Unter ständigem Rühren weiterrühren und etwa 10–12 Minuten kochen lassen, bis die Mischung eindickt und cremig wird. Es sollte die Rückseite eines Löffels bedecken.

e) Die Schüssel vom Herd nehmen und den Vanilleextrakt einrühren. Lassen Sie die Zabaglione etwas abkühlen.

f) Den vorbereiteten Obstsalat auf Schüsseln oder Gläser verteilen.

g) Die Holunderblüten-Zabaglione über die Früchte geben.

h) Jede Portion mit frischen Minzblättern garnieren.

i) Servieren Sie sofort den erfrischenden exotischen Obstsalat mit Holunderblüten-Zabaglione und genießen Sie dieses köstliche und elegante Dessert.

## 53. Erdbeer-Holunderblüten-Kuchen

**ZUTATEN:**
- 150 g Kristallzucker
- Schale von 1 Zitrone
- 170 g ungesalzene Butter
- 4 Eier
- 1/4 TL Salz
- 1 1/2 TL Backpulver
- 1 1/2 TL Natron
- 250 ml Naturjoghurt
- 150 g einfaches weißes Mehl
- 150 g einfaches Vollkornmehl

**FÜR DEN BElag:**
- 60 g weiche Butter
- 3 EL Holunderblütensirup
- 100g Erdbeeren, gehackt
- 160g Puderzucker

**ANWEISUNGEN:**

a)   Heizen Sie Ihren Backofen auf 180 °C vor, fetten Sie die 29-cm-Form ein und legen Sie sie aus.

b)   Beide Mehle, Backpulver, Natron und Salz vermischen. Die trockenen Zutaten beiseite stellen.

c)   In einer separaten Schüssel Zucker, Butter und Zitronenschale gut verrühren. Die Eier einzeln unterrühren und dann den Joghurt unterrühren. Anschließend diese Mischung mit den trockenen Zutaten vermischen.

d)   Backen Sie die Mischung etwa 40 Minuten lang oder bis sie goldbraun wird. Um zu überprüfen, ob es fertig ist, verwenden Sie einen Spieß oder einen Kuchentester – es sollte sauber herauskommen. Anschließend den Holunderblütensirup mit zwei Esslöffeln Wasser vermischen und über den warmen Kuchen träufeln. Lass es abkühlen.

e)   Um die Buttercreme zuzubereiten, vermischen Sie Erdbeeren und Zitronensaft, erhitzen Sie sie dann auf mittlerer bis niedriger Stufe und rühren Sie, bis sie vollständig eingekocht ist. Lass es abkühlen; Das wird deine „Marmelade" sein.

f)   Zum Schluss die weiche Butter mit der abgekühlten Marmelade verrühren und Puderzucker untermischen, bis eine glatte Konsistenz entsteht. Verteilen Sie diese Buttercreme auf Ihrem abgekühlten Kuchen und belegen Sie ihn mit Erdbeeren und Holunderblüten.

g)   Genießen Sie Ihren köstlichen Erdbeer-Holunderblüten-Kuchen – ein perfekter Sommergenuss!

## 54.Blumen-Mimosa-Brett

**ZUTATEN:**
**MIMOSEN:**
- Sekt
- Lavendelsirup
- Holunderblütenlikör
- Hibiskustee (gekühlt)
- Rosenwasser

**BEGLEITUNGEN:**
- Frische essbare Blumen (wie Stiefmütterchen, Veilchen und Rosen)
- Lavendel-Shortbread-Kekse
- Mit Holunderblütenkäse angereicherter Käse (falls verfügbar)
- Hibiskus-Macarons oder Kekse
- Rosenwasser-Cupcakes oder Kuchenstücke

**ANWEISUNGEN:**
a) Platzieren Sie den Champagner und verschiedene blumig inspirierte Sirupe und Liköre auf dem Brett. Umgeben Sie die Getränke mit frischen essbaren Blumen zum Garnieren.
b) Fügen Sie Lavendel-Mürbteigkekse, mit Holunderblüten angereicherten Käse und Hibiskus-Macarons oder Kekse hinzu.
c) Fügen Sie Rosenwasser-Cupcakes oder Kuchenstücke hinzu, um das Blumenbrett zu vervollständigen.
d) Neben den blumigen Köstlichkeiten können die Gäste eine Auswahl an zarten und duftenden Mimosenkombinationen genießen.

## 55. Brombeer- und Holunderblüten-Bavarois

**ZUTATEN:**

**GENOISE-SCHWAMM:**
- 150g ganze Eier (6 große)
- 150 g Puderzucker
- 150 g einfaches Mehl
- 63 g ungesalzene Butter, geschmolzen

**EINFACHER SYRUP:**
- 113 ml Wasser
- 145g Zucker
- 1 Zitronenschale
- ½ Vanilleschote

**HOLUNDERBLUMEN BAYERISCHE CREME:**
- 4 Eigelb
- 100g Puderzucker
- 230 ml Milch
- 170 ml Holunderblütensirup
- 13g Gelatineblätter
- 200 ml Schlagsahne

**FRUCHTPÜREE:**
- 500g Brombeeren
- 50 ml Wasser
- 50 g Puderzucker
- 10 ml Zitronensaft

**MOUSSE:**
- 11g Gelatineblätter
- 500 ml Schlagsahne
- 350g Brombeerpüree
- 80g Puderzucker

**BROMBEER-GLASUR:**
- 8g Gelatineblätter
- 175g Brombeerpüree
- 100g einfacher Sirup
- ½ Vanilleschote

**ANWEISUNGEN:**
**GENOISE-SCHWAMM:**
a)   Heizen Sie den Backofen auf 190 °C vor und legen Sie ein 30 x 40 cm großes flaches Backblech mit antihaftbeschichtetem Backpapier aus.
b)   Bereiten Sie eine Sabayon zu, indem Sie die Eier und den Zucker im Wasserbad verquirlen, bis sie eine Temperatur von 37 °C erreicht haben, und dann weiter schlagen, bis sie das Bandstadium erreichen. Mit einem Spatel vorsichtig das gesiebte Mehl unterheben.
c)   Mischen Sie zwei Kugeln Sabayon mit der geschmolzenen Butter und geben Sie es dann wieder zum Rest des Sabayons.
d)   Die Masse gleichmäßig auf dem mit Backpapier ausgelegten Backblech verteilen und 12–15 Minuten goldbraun backen. Lass es abkühlen.

**EINFACHER SYRUP:**
e)   In einem Topf Wasser, Puderzucker, Zitronenschale, die Samen der Vanilleschote und die Schote selbst vermischen. Zum Kochen bringen und 2-3 Minuten kochen lassen. Lass es abkühlen.

**HOLUNDERBLUMEN BAYERISCHE CREME:**
f)   Die Gelatine 3-4 Minuten in kaltem Wasser einweichen, bis sie weich ist, dann überschüssiges Wasser ausdrücken.
g)   Eigelb und Zucker hellgelb rühren.
h)   Bringen Sie die Milch zum Kochen und geben Sie sie nach und nach zur Ei-Zucker-Mischung.
i)   Geben Sie die Mischung wieder in den Topf und erhitzen Sie sie unter ständigem Rühren, bis sie eindickt.
j)   Holunderblütensirup und Gelatine hinzufügen. Vom Herd nehmen, in ein Eisbad stellen und 2–3 Minuten verrühren. Den Vanillepudding kühl stellen.
k)   Schlagen Sie die Sahne bis knapp über das Bandniveau hinaus und heben Sie sie unter die Vanillesoße.

**FRUCHTPÜREE:**
l)   Brombeeren zu einem Püree pürieren. Wasser und Zucker zum Kochen bringen, dann abkühlen lassen. Den warmen Sirup und Zitronensaft unter das Brombeerpüree mischen, abseihen und abkühlen lassen.

**MOUSSE:**
m)   Gelatineblätter einweichen.
n)   Schlagen Sie die Sahne, bis sie das Bandstadium erreicht.
o)   150 g Püree mit Zucker erhitzen, bis sich der Zucker auflöst. Gelatine hinzufügen und rühren, bis sie sich aufgelöst hat. Abseihen und das restliche Püree hinzufügen. Schlagsahne unterheben.

**BROMBEER-GLASUR:**
p)   Gelatine in kaltem Wasser einweichen. Geben Sie die Vanilleschote und die Samen mit Brombeerpüree und Zuckersirup in die Pfanne und bringen Sie alles zum Kochen.

q)   Gelatine einrühren und abseihen.
r)   Bis zur Verwendung in einem luftdichten Behälter im Kühlschrank aufbewahren.

**MONTIEREN:**
s)   Schneiden Sie den Genoise-Biskuit mit einem Tortenring als Führung in einen Kreis von 25 cm Durchmesser.
t)   Den Biskuitteig mit Zuckersirup bestreichen.
u)   Die Holunderblütencreme auf den Biskuitteig gießen und gleichmäßig verteilen. Decken Sie den Kuchen mit Frischhaltefolie ab und stellen Sie ihn 1 Stunde lang in den Kühlschrank.
v)   Nehmen Sie den Kuchen aus dem Kühlschrank, gießen Sie die Brombeermousse darüber und verteilen Sie sie gleichmäßig.
w)   Mit Frischhaltefolie abdecken und für mindestens 4 Stunden in den Gefrierschrank stellen. Aus dem Gefrierschrank nehmen, eventuelle Eisreste abbürsten und die Brombeerglasur über die gefrorene Mousse gießen.
x)   Im Kühlschrank mindestens 20 Minuten fest werden lassen.
y)   Lassen Sie das Dessert 6–8 Stunden im Kühlschrank auftauen, bevor Sie es kurz vor dem Servieren mit frischem Obst oder Mini-Baisers dekorieren.

## 56. Holunderblüten-Crème Brûlée

**ZUTATEN:**
- 2 Tassen Sahne
- ½ Tasse Kristallzucker
- 2 Esslöffel Holunderblütensirup
- 6 große Eigelb
- ½ Teelöffel Zitronenschale
- Extra Kristallzucker zum Karamellisieren

**ANWEISUNGEN:**

a) Heizen Sie den Ofen auf 325 °F (160 °C) vor. Legen Sie sechs Auflaufförmchen in eine Auflaufform.

b) In einem Topf die Sahne und den Kristallzucker bei mittlerer Hitze erhitzen, bis es zu köcheln beginnt. Vom Herd nehmen und Holunderblütensirup und Zitronenschale unterrühren.

c) In einer Rührschüssel die Eigelbe verquirlen, bis alles gut vermischt ist. Die Sahnemischung langsam unter ständigem Rühren in die Eigelbe gießen.

d) Verteilen Sie die Mischung gleichmäßig auf die Auflaufförmchen. Stellen Sie die Auflaufform mit den Auflaufförmchen auf den Ofenrost und gießen Sie vorsichtig heißes Wasser in die Auflaufform, bis es etwa bis zur Hälfte des Randes der Auflaufförmchen reicht.

e) Etwa 35–40 Minuten backen oder bis die Ränder fest sind, die Mitte aber noch leicht wackelt.

f) Nehmen Sie die Auflaufförmchen aus dem Wasserbad und lassen Sie sie auf Raumtemperatur abkühlen. Anschließend für mindestens 2 Stunden in den Kühlschrank stellen oder bis es vollständig abgekühlt ist.

g) Zum Servieren eine dünne Schicht Kristallzucker über jede Crème Brûlée streuen. Karamellisieren Sie den Zucker mit einem Küchenbrenner, bis eine goldbraune Kruste entsteht. Lassen Sie den Zucker vor dem Servieren einige Minuten aushärten.

## 57. Holunderblüten-Limetten-Mousse

**ZUTATEN:**
- ½ Tasse Holunderblütensirup oder -sirup
- Schale von 1 Limette
- Saft von 2 Limetten
- 1 Tasse Sahne
- ¼ Tasse Puderzucker
- Limettenschale zum Garnieren (optional)

**ANWEISUNGEN:**

a) In einer Rührschüssel Holunderblütenlikör oder -sirup, Limettenschale und Limettensaft vermischen.

b) Schlagen Sie in einer separaten Schüssel die Sahne und den Puderzucker auf, bis sich weiche Spitzen bilden.

c) Die Schlagsahne vorsichtig unter die Holunderblüten-Limetten-Mischung heben, bis alles gut vermischt ist.

d) Gießen Sie die Mousse in Serviergläser oder Schüsseln und stellen Sie sie mindestens 2 Stunden lang oder bis sie fest ist im Kühlschrank.

e) Vor dem Servieren nach Belieben mit Limettenschale garnieren.

# 58. Holunderblüten- Birnen-Sorbet

## ZUTATEN

- 1 Gelatineblatt
- 2⅓ Tassen Birnenpüree
- 2 Esslöffel Glukose
- 1 Esslöffel Holunderblütensirup
- ⅛ Teelöffel koscheres Salz
- ⅛ Teelöffel Zitronensäure

## ANWEISUNGEN

a) Die Gelatine aufkochen.

b) Etwas Birnenpüree erwärmen und die Gelatine unterrühren, bis sie sich auflöst. Das restliche Birnenpüree, die Glukose, den Holunderblütensirup, das Salz und die Zitronensäure unterrühren, bis sich alles vollständig aufgelöst und eingearbeitet hat.

c) Gießen Sie die Mischung in Ihre Eismaschine und frieren Sie sie gemäß den Anweisungen des Herstellers ein. Das Sorbet lässt sich am besten kurz vor dem Servieren oder Verzehr drehen, in einem luftdichten Behälter im Gefrierschrank bleibt es jedoch bis zu zwei Wochen haltbar.

# 59. Holunderblüten-Panna Cotta mit Erdbeeren

**ZUTATEN:**
- 500 ml Sahne
- 450 ml Vollmilch
- 10 große Holunderblütenköpfe, Blumen gepflückt
- 1 Vanilleschote, Mark ausgekratzt
- 5 Gelatineblätter
- 85 g goldener Puderzucker

**FÜR DEN CRUMBLE**
- 75 g Butter, plus etwas Butter zum Einfetten
- 75g Mehl
- 50 g goldener Puderzucker
- 25g gemahlene Mandeln

**DIENEN**
- 250 g Körbchen-Erdbeeren, Spitzen abgeschnitten
- 1 EL goldener Puderzucker
- ein paar gepflückte Holunderblüten zum Dekorieren

**ANWEISUNGEN:**

a) Sahne, Milch, Blüten, Vanilleschote und Samen in einen Topf geben und bei schwacher Hitze erhitzen. Sobald die Flüssigkeit zu köcheln beginnt, vom Herd nehmen und vollständig abkühlen lassen.

b) In der Zwischenzeit für die Streusel die Butter in eine kleine Pfanne geben und vorsichtig erhitzen, bis sie tiefbraun ist und nussig duftet. In eine Schüssel füllen und bei Zimmertemperatur abkühlen lassen, bis die Masse fest ist.

c) Sobald die Sahnemischung abgekühlt ist, fetten Sie die Innenseiten von sechs 150-ml-Dariole-Formen leicht ein. Die Gelatineblätter 10 Minuten in kaltem Wasser einweichen. Die abgekühlte Sahnemischung durch ein Sieb in eine saubere Pfanne abseihen und dabei die Holunderblüten und die Vanilleschote entfernen. Den Zucker dazugeben und umrühren, bis er sich auflöst. Bei schwacher Hitze erneut köcheln lassen und dann in einen großen Krug gießen. Überschüssige Flüssigkeit aus der Gelatine ausdrücken und in die heiße Sahne einrühren, bis sie geschmolzen ist. Rühren Sie weiter, bis die Mischung abgekühlt und leicht eingedickt ist, damit nicht alle Vanillesamen zu Boden sinken. In die Formen füllen und mindestens 4 Stunden kalt stellen. bis es fest ist.

d) Den Ofen auf 180 °C/160 °C Umluft/Gas vorheizen. 4. Die gebräunte Butter in das Mehl einreiben und dann den Zucker und die Mandeln unterrühren. Auf einem mit Backpapier ausgelegten Blech verteilen. 25–30 Minuten backen, bis sie goldbraun sind, dabei ein paar Mal umrühren. Abkühlen lassen.

e) Die Erdbeeren in Scheiben schneiden und mit dem Zucker und 1 TL Wasser vermischen. 20 Minuten lang mazerieren lassen.

f) Die Panna Cottas auf Teller verteilen und mit den Erdbeeren und dem Saft belegen. Einen Teil der Streusel darüber streuen, den Rest in einer Schüssel daneben servieren und mit ein paar Holunderblüten dekorieren.

# 60.Holunderblüten-Flan

## ZUTATEN

- 1 Tasse Sahne
- 1 Tasse Vollmilch
- ½ Tasse) Zucker
- 4 Eier
- 1 Teelöffel Holunderblütensirup
- Frische Holunderblüten (optional)

## ANWEISUNGEN

a) Heizen Sie den Ofen auf 350 °F (175 °C) vor.
b) In einem mittelgroßen Topf Sahne, Milch und Zucker bei mittlerer Hitze erhitzen, bis sich der Zucker aufgelöst hat.
c) In einer separaten Schüssel die Eier und den Holunderblütensirup verquirlen.
d) Gießen Sie die Sahnemischung langsam unter ständigem Rühren in die Eimischung.
e) Die Mischung durch ein feinmaschiges Sieb passieren.
f) Gießen Sie die Mischung in eine Auflaufform mit einem Durchmesser von 23 cm.
g) Stellen Sie die Auflaufform in eine größere Auflaufform oder einen Bräter und füllen Sie die größere Auflaufform mit so viel heißem Wasser, dass der Rand der kleineren Auflaufform bis zur Hälfte reicht.
h) 45–50 Minuten backen oder bis die Ränder fest sind, die Mitte aber noch leicht wackelt.
i) Aus dem Ofen nehmen und auf Raumtemperatur abkühlen lassen.
j) Vor dem Servieren mindestens 2 Stunden im Kühlschrank ruhen lassen.
k) Nach Belieben mit frischen Holunderblüten garnieren.

# 61. Holunderblüteneis

**ZUTATEN:**
- 1 ½ Tassen Vollmilch
- 2 Tassen Sahne
- ½ Tasse Sauerrahm
- 4 große Eigelb
- ½ Tasse Honig
- 4-5 Holunderblütenlikör
- ½ Teelöffel Vanilleextrakt
- Prise Salz

**ANWEISUNGEN:**
a) Eigelb verquirlen und beiseite stellen.
b) In einem Topf mit dickem Boden Milch, Sahne, Sauerrahm, Salz und Honig vermischen.
c) Schneiden Sie einzelne Blüten in die Mischung und entfernen Sie so viel Stielmaterial wie möglich. Bei mittlerer bis hoher Hitze unter häufigem Rühren heiß erhitzen. NICHT KOCHEN.
d) Wenn die Milch-Sahne-Mischung heiß ist, eine Kelle voll kräftig unter das Eigelb rühren. Gießen Sie die Eiermischung langsam in die Milch-Sahne-Mischung und verrühren Sie erneut kräftig.
e) Stellen Sie den Topf wieder auf mittlere Hitze und kochen Sie unter ständigem Rühren weiter, bis die Masse eingedickt ist und die Rückseite eines Löffels bedeckt. Vom Herd nehmen. Vanilleextrakt einrühren.
f) Gießen Sie die Mischung zum Abkühlen durch ein feinmaschiges Sieb in einen Behälter oder eine Schüssel. Reste der Holunderblüten entsorgen.
g) Nachdem Ihre Sahnemischung vollständig abgekühlt ist, befolgen Sie die Anweisungen Ihrer Eismaschine zum Rühren. Wenn Sie keine Eismaschine haben, können Sie die Mischung alternativ auch in eine Auflaufform mit Rand gießen und im Gefrierschrank abkühlen lassen. Dabei alle halbe Stunde mit einer Gabel die Mischung auskratzen, bis sie fest, aber von leichter Konsistenz ist.

## 62. Holunderblütensorbet

**ZUTATEN**
- 2 Tassen Wasser
- 1 Tasse Zucker
- ¼ Tasse Holunderblütensirup
- 2 Esslöffel Zitronensaft

**ANWEISUNGEN**

a) In einem Topf Wasser und Zucker vermischen. Bei mittlerer Hitze erhitzen, bis sich der Zucker vollständig aufgelöst hat.

b) Vom Herd nehmen und Holunderblütensirup und Zitronensaft unterrühren.

c) Lassen Sie die Mischung auf Raumtemperatur abkühlen.

d) Gießen Sie die Mischung in eine Eismaschine und rühren Sie sie gemäß den Anweisungen des Herstellers um.

e) Sobald das Sorbet umgerührt ist, geben Sie es in einen Behälter mit Deckel und frieren Sie es einige Stunden lang ein, damit es fester wird.

f) Servieren Sie das Holunderblütensorbet in gekühlten Schüsseln oder Gläsern für ein zartes und blumiges Dessert.

# 63. Holunderblüten- und Brombeereis

## ZUTATEN:

- 225 g/8 oz Brombeeren 1 EL Zucker
- 284 ml Karton Doppelrahm, gekühlt
- 8 EL Holunderblütensirup
- 142 ml Schlagsahne im Karton, gekühlt

## ANWEISUNGEN:

a) Die Brombeeren in einen kleinen Topf geben und den Zucker hinzufügen. Unter gelegentlichem Rühren leicht erhitzen, bis der Saft aus den Früchten läuft und die Mischung zum Kochen kommt.

b) 2–3 Minuten leicht köcheln lassen, bis die Brombeeren sehr weich sind. (Alternativ können Sie die Brombeeren und den Zucker in eine geeignete Schüssel geben und 2–3 Minuten lang auf höchster Stufe in der Mikrowelle erhitzen, oder bis die Früchte sehr weich sind.)

c) Drücken Sie die Brombeermischung durch ein Sieb und entfernen Sie die Kerne. Lassen Sie das Püree abkühlen, decken Sie es dann ab und stellen Sie es etwa 30 Minuten lang in den Kühlschrank, bis es gut abgekühlt ist.

d) In der Zwischenzeit die Sahne in einen Krug geben, den Holunderblütensirup dazugeben und glatt rühren. Abdecken und 20–30 Minuten kalt stellen.

e) Das Brombeerpüree unter die Holunderblütenmischung rühren, bis eine glatte Masse entsteht. Die Schlagsahne in eine Schüssel geben und verrühren, bis sich weiche Spitzen bilden.

f) Die Schlagsahne vorsichtig unter die Brombeermischung heben.

g) Geben Sie die Mischung in die Eismaschine und gefrieren Sie sie gemäß den Anweisungen.

h) In einen geeigneten Behälter umfüllen und einfrieren, bis es benötigt wird.

# 64. Holunderblütenmousse

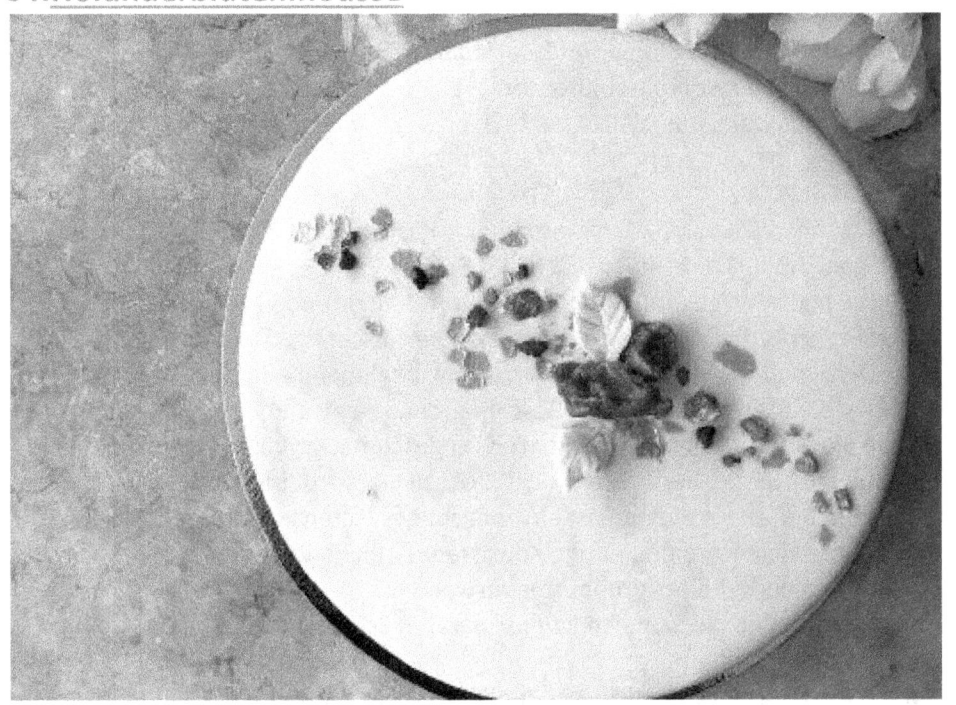

**ZUTATEN:**
- 250 Gramm Mascarpone-Käse
- 200 Gramm im Laden gekaufter Vanillepudding
- 125 Milliliter Holunderblütensirup
- 200 Milliliter Sahne, leicht geschlagen

**ANWEISUNGEN:**
a)   Beginnen Sie damit, den Mascarpone-Käse in einer Rührschüssel leicht zu schlagen, um ihn weicher zu machen.
b)   Die im Laden gekaufte Vanillesoße zum Mascarpone-Käse geben und verrühren, bis die Mischung glatt und gut vermischt ist.
c)   Den Holunderblütensirup unterrühren, beginnend mit 125 Millilitern. Sie können die Menge nach Ihrem Geschmack anpassen und mehr hinzufügen, wenn Sie einen stärkeren Holunderblütengeschmack wünschen. Achten Sie darauf, dass Sie zu diesem Zeitpunkt nicht zu viel verquirlen. Um ein Übermischen zu vermeiden, ist ein vorsichtiges Falten vorzuziehen. Sie möchten eine leichte und luftige Konsistenz beibehalten und die Mischung nicht in Holunderblütensirupbutter verwandeln.
d)   Schlagen Sie die Sahne in einer separaten Schüssel leicht auf, bis sich weiche Spitzen bilden.
e)   Die Schlagsahne vorsichtig unter die Mascarpone-Holunderblüten-Mischung heben, bis alles vollständig eingearbeitet ist. Achten Sie auch hier darauf, nicht zu viel zu mischen, da Sie die luftige Textur der Mousse beibehalten möchten.
f)   Probieren Sie die Mousse und fügen Sie bei Bedarf noch mehr Holunderblütensirup hinzu, je nach gewünschtem Holunderblütengeschmack.
g)   Sobald die Mischung gut vermischt ist und Sie mit dem Geschmack zufrieden sind, stellen Sie die Mousse vor dem Servieren mindestens eine halbe Stunde lang in den Kühlschrank.
h)   Zum Servieren können Sie die Mousse für eine schöne Präsentation mit frischen Holunderblüten oder einem Schuss zusätzlichem Holunderblütensirup garnieren.
i)   Genießen Sie Ihr hausgemachtes Holunderblütenmousse als leichtes und elegantes Dessert, perfekt für jeden Anlass.

# 65. Gebackene Birnen mit Honig und Holunderblüten

**ZUTATEN:**
- 4 große reife Birnen
- 1 Esslöffel Holunderblütensirup
- 4 Flüssigunzen (ca. 1/2 Tasse) Apfelsaft
- Ein Stück ungesalzene Butter
- 2 Esslöffel flüssiger Honig
- Frisch geriebener Muskatnuss
- 2 Esslöffel Doppelrahm

**ANWEISUNGEN:**

a) Heizen Sie Ihren Backofen auf 150–160 °C (ca. 300–320 °F) oder Gas Stufe 3 vor.

b) Lassen Sie die Schalen auf den Birnen und legen Sie sie in eine gefettete ofenfeste Form mit Deckel.

c) Mischen Sie in einer kleinen Schüssel den Holunderblütensirup und den Apfelsaft und gießen Sie diese Mischung dann über die Birnen.

d) Den Honig über die Birnen träufeln und mit einem Stück ungesalzener Butter beträufeln.

e) Setzen Sie den Deckel auf die ofenfeste Form, um die Birnen abzudecken.

f) Die Birnen im vorgeheizten Backofen etwa eine Stunde lang langsam backen. Durch die niedrigere Temperatur können die Birnen sanft weich werden und die Aromen aufnehmen.

g) Sobald die Birnen gar und zart sind, nehmen Sie sie aus dem Ofen und geben Sie sie auf eine Servierplatte.

h) Gießen Sie den Saft aus der Schüssel in einen Topf und bringen Sie ihn zum Kochen.

i) Geben Sie 2 Esslöffel Doppelrahm in den kochenden Saft und rühren Sie um, bis eine reichhaltige und aromatische Sauce entsteht.

j) Die Sahne-Saft-Mischung über die gebackenen Birnen gießen.

k) Vervollständigen Sie das Gericht mit einer Prise frisch geriebener Muskatnuss, um ihm eine duftende Note zu verleihen.

l) Servieren Sie die gebackenen Birnen mit Honig und Holunderblütensauce noch warm und genießen Sie die harmonische Geschmacksmischung dieses köstlichen Desserts. Es ist perfekt für einen gemütlichen Abend oder einen besonderen Anlass.

# 66. Holunderblütengelee mit Champagnersorbet

**ZUTATEN:**
**FÜR DAS HOLUNDERBLUMENGELEE:**
- 500 Milliliter heißes Wasser
- 30 Gramm Gelatine (in 2 EL kaltem Wasser eingeweicht)
- 60 Gramm Puderzucker
- 250 Milliliter Holunderblütensirup
- Saft einer mittelgroßen Zitrone

**ZUM SERVIEREN:**
- 200 bis 300 Milliliter Champagnersorbet
- 3 Himbeeren
- Dünne Mandelkekse (optional)
- Geschmolzene Schokolade (zur Dekoration, optional)
- Zweig Minze (zum Garnieren)

**ANWEISUNGEN:**
**HOLUNDERBLUMENGELEE:**
a) Beginnen Sie mit der Herstellung des Holunderblütengelee. Erhitzen Sie das heiße Wasser in einem nicht reaktiven Topf, bis es köchelt.
b) Die eingeweichte Gelatine hinzufügen und rühren, bis sie sich vollständig aufgelöst hat.
c) Nehmen Sie den Topf vom Herd und rühren Sie den Puderzucker ein, bis er vollständig eingearbeitet ist.
d) Fügen Sie der Mischung den Holunderblütensirup und den Saft einer mittelgroßen Zitrone hinzu. Zum Kombinieren gut umrühren.
e) Stellen Sie den Topf an einen kühlen Ort, damit die Geleemischung abkühlen kann. Es sollte vor der Verwendung ziemlich kalt sein.

**ZUBEREITUNG DES DESSERTS:**
f) Während das Holunderblütengelee abkühlt, wählen Sie Ihre Serviergläser oder Schüsseln aus. Geben Sie 3 Himbeeren auf den Boden jedes Glases und stellen Sie die Gläser dann auf ein Tablett. Kühlen Sie sie.
g) Optional können Sie einen Strudel geschmolzener Schokolade um die Innenseite des Glases Ihrer Wahl spritzen. Dies ist eine dekorative Note, aber nicht unbedingt erforderlich.
h) Sobald das Holunderblütengelee ziemlich kalt ist, füllen Sie es in die vorbereiteten Gläser, sodass pro Portion etwa 200 Milliliter Gelee übrig sind.
i) Stellen Sie die Gläser mehrere Stunden lang in den Kühlschrank, bis das Gelee vollständig fest ist, möglichst über Nacht.

Dienen:
j) Zum Servieren eine mittelgroße Kugel Champagnersorbet auf jedes angesetzte Gelee löffeln.
k) Nach Belieben mit einem dünnen Mandelkeks verzieren.
l) Für eine frische Note mit einem Zweig Minze garnieren.

# 67. Panna Cotta mit Holunderblütensauce

**ZUTATEN:**
**VANILLE-KOKOSNUSS-PANNA-COTTA:**
- 1 Packung granulierte Gelatine
- ¾ Tasse Kokosmilch
- 1 Tasse Kokoscreme
- 1 Tasse Sahne
- 2 Esslöffel Puderzucker
- ½ Teelöffel Vanilleschotenpaste

**Holunderblüten-Beerensoße**
- ½ Tasse frische oder gefrorene gemischte Beeren
- 4 getrocknete Holunderblüten
- ¼ Esslöffel Puderzucker

**ANWEISUNGEN:**
**VANILLE-KOKOSNUSS-PANNA-COTTA:**
- Bereiten Sie vier Auflaufförmchen, Formen oder Gläser mit einem Fassungsvermögen von 110 ml oder mehr vor, indem Sie sie ganz leicht mit Kokosöl oder Pflanzenöl einfetten. Sie können diesen Schritt überspringen, wenn Sie die Panna Cotta nicht auf die Form legen. Als Formen habe ich 4 französische Weingläser verwendet. Sie können es aber zum Servieren auch problemlos im Glas belassen.
- Streuen Sie die Gelatine in einer kleinen Schüssel über 3 Esslöffel kaltes Wasser. Mischen und ruhen lassen, damit es weich wird.
- In einem kleinen Topf bei mittlerer Hitze die Kokosmilch und die Sahne erhitzen, bis sie an den Rändern leicht zu sprudeln beginnen. Reduzieren Sie die Hitze und geben Sie die weiche Gelatine hinzu, bis sie vollständig geschmolzen ist.
- Nehmen Sie die Pfanne vom Herd und bereiten Sie eine große Schüssel mit Eiswasser vor. Die Kokos-Gelatine-Mischung in eine etwas kleinere Schüssel abseihen und diese Schüssel in das Eiswasser stellen. Kratzen Sie die Schüssel vorsichtig mit einem Gummispatel ab und mischen Sie, bis die Mischung abkühlt und anfängt einzudicken. Wenn die Mischung anfängt auszuhärten, entfernen Sie sie sofort.
- Gießen Sie das Eiswasser aus der großen Schüssel aus und wischen Sie es sauber. Die Sahne in die Schüssel geben und den Puderzucker unterrühren, bis er sich aufgelöst hat. Nach und nach die Kokosgelatine hinzufügen, bis alles vollständig vermischt ist. Versuchen Sie, nicht zu kräftig zu mischen, um die Bildung von Luftblasen zu verhindern.
- Gießen Sie die Mischung in Ihre vorbereiteten Auflaufförmchen, Gläser oder Formen. Für mindestens 4 Stunden oder bis es fest ist in den Kühlschrank stellen.
- Um Ihre Panna Cotta aus der Form zu lösen, halten Sie die Seiten Ihrer Form unter warmes Wasser, bis sie sich zu lösen beginnt. Ziehen Sie die Panna Cotta mit dem Finger vorsichtig vom Rand ab. Drehen Sie es dann um und stürzen Sie es auf Ihre Servierplatte.

**Holunderblüten-Beerensoße:**
- In einem kleinen Topf bei mittlerer bis hoher Hitze 1 Tasse Wasser mit Puderzucker vermischen. Zum Kochen bringen und 1 Minute kochen lassen. Vom Herd nehmen und die Holunderblüten dazugeben. Beiseite stellen und 30 Minuten ziehen lassen.
- Getrocknete Holunderblüten aus dem Sirup nehmen und wegwerfen oder zum Garnieren aufbewahren. Die Beeren in die Pfanne geben, wieder auf den Herd stellen und auf mittlere bis hohe Temperatur erhitzen.
- Zum Kochen bringen und kochen, bis es leicht eingedickt ist.
- Die Soße in den Kühlschrank stellen und vor dem Servieren mindestens 2 Stunden kalt stellen.

## 68. Holunderblüten-Sangria-Sorbet

**ZUTATEN:**
- 2 Tassen Rotwein
- 1 Tasse Wasser
- 1½ Tassen getrocknete Holunderblüten
- 2 Esslöffel heller Maissirup
- 1 Tasse Zucker
- Abgeriebene Schale und Saft einer kleinen Orange
- 1 kleiner Pfirsich
- 1 kleiner säuerlicher Apfel
- ½ Tasse rote Weintrauben
- ½ Tasse Erdbeeren

**ANWEISUNGEN:**
a) In einem Topf Wein, Wasser, Holunderblüten, Maissirup und ¾ Tasse Zucker vermischen. Bei mittlerer Hitze köcheln lassen und 5 Minuten kochen lassen, dabei umrühren, um den Zucker aufzulösen.
b) Vom Herd nehmen, Orangenschale und -saft unterrühren und auf Zimmertemperatur abkühlen lassen.
c) Gießen Sie die Mischung durch ein feinmaschiges Sieb über einer Schüssel. Abdecken und im Kühlschrank lagern, bis es kalt ist, mindestens 3 Stunden oder über Nacht.
d) Etwa 15 Minuten vor dem Einfrieren des Sorbets den Pfirsich entkernen und fein würfeln. Den Apfel entkernen und fein würfeln. Die Weintrauben halbieren.
e) Die Erdbeeren schälen und fein würfeln. Alle Früchte in eine Schüssel geben, die restliche ¼ Tasse Zucker dazugeben und vermischen. Beiseite legen.
f) Frieren Sie die Holunderblütenmischung ein und rühren Sie sie gemäß den Anweisungen des Herstellers in einer Eismaschine um.
g) Wenn das Sorbet fertig gerührt ist, lassen Sie die Fruchtmischung in einem feinmaschigen Sieb abtropfen und mischen Sie die Früchte dann unter das Sorbet.
h) In einen Behälter umfüllen, abdecken und 2 bis 3 Stunden im Gefrierschrank aushärten lassen.

# GEWÜRZE

# 69. Holunderblütenhonig

**ZUTATEN:**
- ¼ Tasse Holunderblüten (getrocknet oder frisch – Bio)
- 1 Tasse einheimischer Rohhonig (flüssig)

**ANWEISUNGEN:**
a) Geben Sie Ihre trockenen Zutaten in Ihr Glas
b) Vollständig mit Honig bedecken
c) Oben verschließen
d) Lassen Sie den Honig einen Monat lang ruhen und ziehen, auf Wunsch auch länger
e) Beanspruchung
f) Geben Sie den abgesiebten Honig zurück in das Glas und verschenken Sie ihn oder verwenden Sie ihn nach Wunsch!

## 70. Holunder- und Lakritztinktur

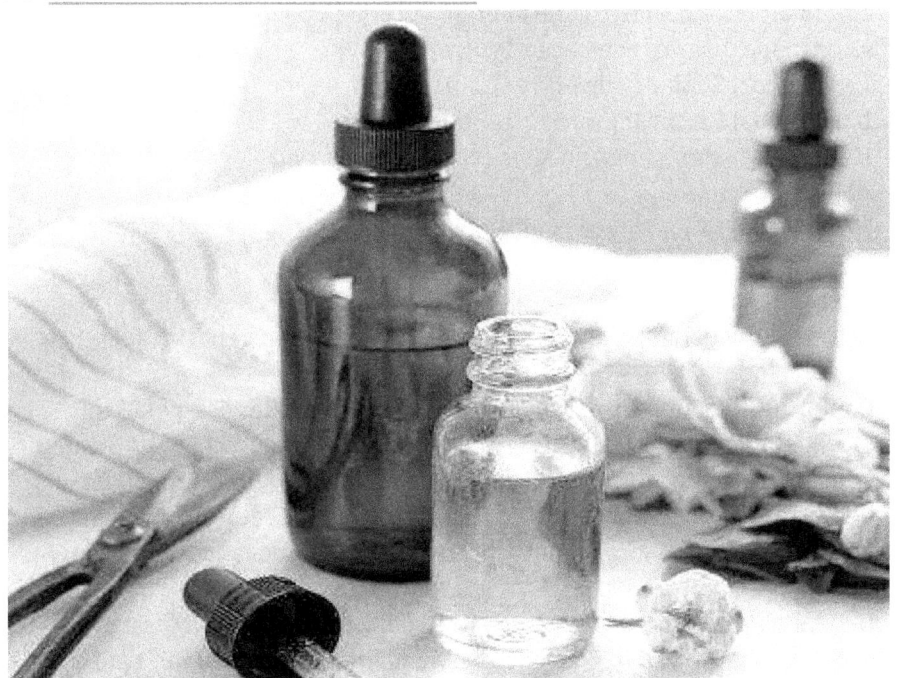

**ZUTATEN:**
- 25 g (knapp 1 Unze) Holunderbeeren
- 25 g (knapp 1 Unze) Echinacea-Wurzel
- 10 g (1/4 oz) Süßholzwurzel
- 10 g (1/4 oz) frische Ingwerwurzel, gerieben
- 10 g (1/4 oz) Zimtstange, in kleine Stücke gebrochen
- 20 g Pfefferminze
- 400 ml (14 fl oz.) hochwertiger Wodka

**ANWEISUNGEN:**

a) Stellen Sie sicher, dass alle getrockneten Zutaten fein gehackt, aber nicht pulverisiert sind.

b) Geben Sie alle Zutaten außer dem Wodka in ein großes Glasgefäß mit sicher schließendem Deckel. Gießen Sie den Wodka hinein, schließen Sie den Deckel fest und schütteln Sie ihn einige Male.

c) Beschriften Sie das Glas mit allen Zutaten und dem Datum. Stellen Sie das Glas in einen dunklen Schrank und schütteln Sie es 3 Wochen lang mindestens einmal täglich.

d) Den Inhalt des Glases durch einen Musselinbeutel in einen Messbecher abseihen und die Tinktur in eine entsprechend große (350–400 ml/12–14fl oz.) sterilisierte Braunglasflasche füllen.

e) Verschließen Sie die Flasche.

f) Beschriften Sie es mit allen Zutaten und dem ursprünglichen Startdatum. Beginnen Sie mit der Einnahme einiger Tropfen pro Tag und erhöhen Sie die Menge auf 2–3 Mal täglich auf 1 Teelöffel. Innerhalb von 6 Monaten verbrauchen.

# 71. Winterschutztinktur aus Echinacea und Holunder

**ZUTATEN:**
- 20 g (3/4 oz) frische Ingwerwurzel
- 80 g Echinacea-Wurzel, frisch oder getrocknet
- 20 g (3/4 oz) Thymianblätter, frisch oder getrocknet
- 2 Knoblauchzehen (optional)
- 1 frische Chili mit Samen (optional)
- 80 g Holunderbeeren, frisch oder getrocknet
- 500 ml (16 fl oz.) hochwertiger Wodka

**ANWEISUNGEN:**

a)   Den frischen Ingwer und die Echinacea-Wurzel in dünne Scheiben schneiden, die frischen Thymianblätter von den Stielen zupfen und den Knoblauch und die Chili (falls verwendet) fein hacken.

b)   Die Holunderbeeren vorsichtig auspressen. Geben Sie alle Zutaten in ein großes Glas mit fest schließendem Deckel. Mit dem Wodka bedecken, gründlich vermischen und sicherstellen, dass alle Zutaten vollständig eingetaucht sind.

c)   Verschließen Sie den Deckel fest und stellen Sie das Glas in einen dunklen Schrank. Überprüfen Sie es jeden Tag, indem Sie das Glas ein paar Mal schütteln. Öffnen Sie nach 3 Wochen das Glas, seihen Sie die Zutaten durch einen Musselinbeutel, sammeln Sie die Flüssigkeit in einer sterilisierten Braunglasflasche und beschriften Sie sie mit den Namen aller Zutaten und dem Datum.

# 72. Apfel-, Birnen- und Holunderbeersauce

**ZUTATEN:**
- 31/2 Äpfel, geschält, entkernt und gehackt
- 1/3 Birne geschält, entkernt und gehackt
- 12 reife Holunderbeeren, abgespült, alle Stiele entfernt
- 20 reife Brombeeren, abgespült

**ANWEISUNGEN:**

a)  Alle Zutaten in einen Mixer oder eine Küchenmaschine geben und glatt rühren.

b)  Auf zwei Gläser verteilen und mit Holunder- und Holunderblütensirup auffüllen, um die antivirale Wirkung des Smoothies zu verstärken.

## 73. Holunderblüten- Tomatensauce

**ZUTATEN:**
- 2 Tassen gewürfelte Tomaten (aus der Dose oder frisch)
- ¼ Tasse Holunderblütentee (stark aufgebrüht und abgekühlt)
- 2 Esslöffel Tomatenmark
- 1 Esslöffel Olivenöl
- 2 Knoblauchzehen, gehackt
- 1 Teelöffel getrocknetes Basilikum
- 1 Teelöffel getrockneter Oregano
- ½ Teelöffel Zucker (optional, um den Säuregehalt auszugleichen)
- Salz und Pfeffer nach Geschmack
- Frischer Basilikum zum Garnieren

**ANWEISUNGEN:**

a) In einem Topf das Olivenöl bei mittlerer Hitze erhitzen. Den gehackten Knoblauch hinzufügen und anbraten, bis er duftet.

b) Gewürfelte Tomaten, Holunderblütentee, Tomatenmark, getrocknetes Basilikum, getrockneten Oregano, Zucker (falls verwendet), Salz und Pfeffer in den Topf geben. Zum Kombinieren gut umrühren.

c) Bringen Sie die Soße zum Kochen, reduzieren Sie dann die Hitze auf eine niedrige Stufe und lassen Sie sie etwa 15 bis 20 Minuten köcheln, damit sich die Aromen vermischen und die Soße leicht eindickt.

d) Abschmecken und bei Bedarf nachwürzen.

e) Vom Herd nehmen und mit frischem Basilikum garnieren. Verwenden Sie die mit Holunderblüten angereicherte Tomatensauce als aromatische Basis für Nudelgerichte, Pizza oder als Dip für Vorspeisen.

## 74.Holunderblüten -Chia-Marmelade

**ZUTATEN:**
- 2 Tassen frische oder gefrorene Beeren (wie Erdbeeren, Himbeeren oder Blaubeeren)
- ¼ Tasse Holunderblütensirup
- 2 Esslöffel Chiasamen
- 1 Esslöffel Honig oder Süßungsmittel Ihrer Wahl (optional)

**ANWEISUNGEN:**

a) In einem Topf die Beeren und den Holunderblütensirup oder das Teekonzentrat vermischen.

b) Die Mischung bei mittlerer Hitze leicht köcheln lassen, dabei gelegentlich umrühren und die Beeren mit einem Löffel oder einer Gabel zerdrücken.

c) Kochen Sie die Beeren etwa 5–10 Minuten lang oder bis sie zerfallen sind und ihren Saft freigesetzt haben.

d) Chiasamen und Honig oder Süßstoff (falls verwendet) einrühren und unter häufigem Rühren weitere 5 Minuten kochen lassen, bis die Marmelade eindickt.

e) Den Topf vom Herd nehmen und die Marmelade einige Minuten abkühlen lassen.

f) Füllen Sie die Holunderblüten-Chia-Marmelade in ein Glas oder einen Behälter und stellen Sie sie in den Kühlschrank, bis sie eine streichfähige Konsistenz erreicht.

g) Verteilen Sie die Holunderblüten-Chia-Marmelade auf Toast oder Bagels oder verwenden Sie sie als Belag für Pfannkuchen oder Haferflocken, um Ihrem Frühstück eine fruchtige und blumige Note zu verleihen.

.

## 75. Holunderblüten-Salsa

**ZUTATEN:**

- 2 reife Tomaten, gewürfelt
- ½ rote Zwiebel, fein gehackt
- ½ Jalapeño-Pfeffer, entkernt und fein gehackt
- 2 Esslöffel Holunderblütensirup
- Saft von 1 Limette
- Frische Korianderblätter, gehackt
- Salz und Pfeffer nach Geschmack
- Tortillachips oder Fladenbrot zum Servieren

**ANWEISUNGEN:**

a) In einer Schüssel gewürfelte Tomaten, rote Zwiebeln, Jalapeño-Pfeffer, Holunderblütensirup oder Teekonzentrat, Limettensaft und gehackten Koriander vermischen.
b) Mit Salz und Pfeffer abschmecken.
c) Gut umrühren, um alle Zutaten zu vermischen.
d) Lassen Sie die Holunderblütensalsa etwa 15–20 Minuten ruhen, damit sich die Aromen vermischen.
e) Servieren Sie die Holunderblütensalsa mit Tortillachips oder Fladenbrot für einen pikanten und lebendigen Snack.

# 76. Kirsch- Holunderblüten -Kompott

**ZUTATEN:**
- 2 Pfund frische oder gefrorene Bing-Kirschen, entkernt (ca. 4½ Tassen)
- ¾ Tasse Zucker
- ½ Tasse Wasser
- ¾ Tasse getrocknete Holunderblüten
- 1 große Prise koscheres Salz

**ANWEISUNGEN:**

a) In einem großen Topf mit dickem Boden alle Zutaten vermengen.

b) Bei mittlerer Hitze zum Kochen bringen, dann die Hitze reduzieren, um das Köcheln aufrechtzuerhalten, und unter gelegentlichem Rühren kochen, bis der Saft dick genug ist, um die Rückseite des Löffels zu bedecken, etwa 10 Minuten. Vom Herd nehmen und abkühlen lassen.

c) In einem luftdichten Behälter im Kühlschrank aufbewahrt ist das Kompott bis zu 1 Woche haltbar.

## COCKTAILS UND MOCKTAILS

# 77. Hibiskus-Spritz

**ZUTATEN:**
- 2 Unzen Prosecco oder Sekt
- 1 Unze Hibiskussirup
- ½ Unze Holunderblütenlikör
- Sprudelwasser
- Zitronenscheiben oder essbare Blüten zum Garnieren
- Eiswürfel

**ANWEISUNGEN:**
a) Füllen Sie ein Weinglas mit Eiswürfeln.
b) Hibiskussirup und Holunderblütenlikör in das Glas geben.
c) Vorsichtig umrühren, um die Aromen zu verbinden.
d) Füllen Sie das Glas mit Prosecco oder Sekt auf.
e) Fügen Sie für einen sprudelnden Abgang einen Spritzer Limonade hinzu.
f) Mit Zitronenscheiben oder essbaren Blüten garnieren.
g) Vor dem Trinken vorsichtig umrühren.
h) Genießen Sie den spritzigen und blumigen Hibiskus-Spritz.

## 78. Prosecco-Holunderblüten-Cocktail

**ZUTATEN:**
- 1 Unze Holunderblütenlikör (z. B. St-Germain)
- ½ Unze frischer Zitronensaft
- Prosecco, gekühlt
- Essbare Blüten zum Garnieren (optional)

**ANWEISUNGEN:**
a) Füllen Sie ein Weinglas mit Eiswürfeln.
b) Holunderblütenlikör und frischen Zitronensaft hinzufügen.
c) Mit gekühltem Prosecco auffüllen.
d) Zum Kombinieren vorsichtig umrühren.
e) Nach Belieben mit essbaren Blüten garnieren.
f) Nippen und genießen Sie den blumigen und spritzigen Prosecco-Holunderblüten-Cocktail.

# 79.Saké- Litschi -Aperitif

**ZUTATEN:**
- 2 Unzen Sake (trockener oder halbtrockener Sake eignet sich gut)
- 1 Unze Litschilikör (oder Litschisirup für eine alkoholfreie Variante)
- ½ Unze Holunderblütenlikör (z. B. St. Germain)
- ½ Unze frisch gepresster Limettensaft
- Eiswürfel
- Frische Litschi- oder Limettenscheiben zum Garnieren

**ANWEISUNGEN:**

a) In einem Cocktailshaker Sake, Litschilikör (oder Sirup), Holunderblütenlikör und frisch gepressten Limettensaft vermischen.

b) Füllen Sie den Shaker mit Eiswürfeln.

c) Schütteln Sie die Mischung etwa 10–15 Sekunden lang kräftig, um die Zutaten abzukühlen und die Aromen zu vermischen.

d) Den Aperitif in ein gekühltes Martini-Glas oder auf Eis in ein Rocks-Glas abseihen.

e) Für einen zusätzlichen Hauch von Eleganz mit einer frischen Litschifrucht oder einem Limettenrad garnieren.

## 80.Kräuter-Gin-Fizz

**ZUTATEN:**
- 2 Unzen Gin
- 1 Unze Holunderblütenlikör
- 1 Unze frischer Zitronensaft
- ½ Unze einfacher Sirup
- Frische Basilikumblätter
- Sprudelwasser
- Eiswürfel
- Zitronenscheibe und Basilikumzweig zum Garnieren

**ANWEISUNGEN:**

a) Zerstoßen Sie ein paar Basilikumblätter in einem Shaker mit Gin, Holunderblütenlikör, Zitronensaft und Zuckersirup.

b) Eis hinzufügen und gut schütteln. In ein mit Eis gefülltes Longdrinkglas abseihen.

c) Mit Limonade auffüllen.

d) Mit einer Zitronenscheibe und einem Zweig frischem Basilikum garnieren.

## 81. Hibiskus-Wunderkerze

**ZUTATEN:**
- 2 Unzen mit Hibiskus angereicherter Wodka
- 1 Unze Holunderblütenlikör
- ½ Unze Limettensaft
- Mineralwasser
- Hibiskusblüten und Limettenscheibe zum Garnieren

**ANWEISUNGEN:**
a) Kombinieren Sie mit Hibiskus angereicherten Wodka, Holunderblütenlikör und Limettensaft in einer Champagnerflöte.
b) Mit Sodawasser auffüllen. Mit einer Hibiskusblüte und einem Limettenrad garnieren.

## 82. Pfirsich-Rosé-Sangria

**ZUTATEN:**
- 4 Pfirsiche, in Scheiben geschnitten
- 2 Tassen frische oder gefrorene Himbeeren
- 1 (2,5 cm) Stück frischer Ingwer, geschält und gerieben
- 1 Flasche (750 ml) Roséwein, z. B. Pasqua 11 Minutes Rosé
- 4 Unzen Holunderblütenlikör, z. B. St-Germain
- Saft einer Grapefruit (ca. ¼ Tasse)
- Saft von 1 Limette (ca. 2 Esslöffel)
- Mineralwasser zum Garnieren
- Zum Servieren frische Minze oder Basilikumblätter

**ANWEISUNGEN:**

a) In einem großen Krug Pfirsiche, Himbeeren, Ingwer, Rosé, Holunderblütenlikör, Grapefruitsaft und Limettensaft vermischen. Bis zum Servieren im Kühlschrank kalt stellen.

b) Füllen Sie sechs Gläser mit Eis und gießen Sie die Sangria hinein. Mit Mineralwasser auffüllen und mit Minze garnieren.

## 83. Holunderblüten-Blutorangen-Mimosen

**ZUTATEN:**

- 750 ml Flasche Sekt Weißwein
- 8 Teelöffel silberner Tequila
- 8 Teelöffel Holunderblütenlikör
- ⅓ Tasse frisch gepresster Blutorangensaft
- 1 Blutorange, in dünne Scheiben geschnitten zum Garnieren (optional)

**ANWEISUNGEN:**

a) Wenn Sie möchten, legen Sie für eine elegante Garnitur eine dünne Scheibe Blutorange in jedes der vier Champagnergläser.

b) Gießen Sie 2 Teelöffel silbernen Tequila in jede Champagnerflöte und verteilen Sie ihn gleichmäßig darauf.

c) Als nächstes 2 Teelöffel Holunderblütenlikör in jedes Glas geben.

d) Den frisch gepressten Blutorangensaft gleichermaßen auf die vier Sektgläser verteilen. Jede Flöte sollte etwas weniger als 4 Teelöffel Saft enthalten.

e) Gießen Sie den Schaumwein vorsichtig in jedes Glas und lassen Sie die Blasen zwischen den Güssen absetzen. Jedes Glas bis zum Rand mit Sekt füllen.

f) Servieren Sie die Holunderblüten-Blutorangen-Mimosen sofort und genießen Sie die schöne Kombination aus Geschmack und Spritzigkeit.

## 84. Hibiskus-Spritz

**ZUTATEN:**
- 2 Unzen Prosecco oder Sekt
- 1 Unze Hibiskussirup
- ½ Unze Holunderblütenlikör
- Sprudelwasser
- Zitronenscheiben oder essbare Blüten zum Garnieren
- Eiswürfel

**ANWEISUNGEN:**
a) Füllen Sie ein Weinglas mit Eiswürfeln.
b) Hibiskussirup und Holunderblütenlikör in das Glas geben.
c) Vorsichtig umrühren, um die Aromen zu verbinden.
d) Füllen Sie das Glas mit Prosecco oder Sekt auf.
e) Fügen Sie für einen sprudelnden Abgang einen Spritzer Limonade hinzu.
f) Mit Zitronenscheiben oder essbaren Blüten garnieren.
g) Vor dem Trinken vorsichtig umrühren.
h) Genießen Sie den spritzigen und blumigen Hibiskus-Spritz.

## 85. Granatapfel-Thymian-Wodka-Spritz

**ZUTATEN:**
- ¼ Tasse Honig
- 2 Zweige frischer Thymian, plus mehr zum Servieren
- 1 (2,5 cm) Stück frischer Ingwer, geschält und in Scheiben geschnitten
- 8 Unzen Wodka
- 4 Unzen Holunderblütenlikör, z. B. St-Germain
- 1 ⅓ Tassen Granatapfelsaft
- Saft von 2 Limetten
- 3 bis 4 (12 Unzen) Ingwerbiere

**ANWEISUNGEN:**

a) In einem mittelgroßen Topf Honig, Thymian, Ingwer und eine halbe Tasse Wasser bei starker Hitze vermischen. Zum Kochen bringen und ca. 5 Minuten kochen, bis der Ingwer duftet. Nehmen Sie die Pfanne vom Herd und lassen Sie den Sirup auf Raumtemperatur abkühlen. Thymian und Ingwer entfernen und wegwerfen.

b) In einem großen Krug Sirup, Wodka, Holunderblütenlikör, Granatapfelsaft und Limettensaft vermischen. Bis zum Servieren mindestens 1 Stunde im Kühlschrank ruhen lassen.

# 86. Drachenatem -Mocktail

**ZUTATEN:**
- 4 bis 6 Eiswürfel
- 2 Unzen Kaffee
- 1 Teelöffel Holunderblütensirup
- 1 Teelöffel Orangensaft
- 1 Teelöffel geräucherter Zuckersirup

**ANWEISUNGEN:**
a) Beladen Sie den Räucherofen mit Sägemehl und zünden Sie ihn gemäß den Anweisungen des Herstellers an.
b) Halten Sie ein Brandyglas verkehrt herum.
c) Stecken Sie das Räucherrohr in das Glas und füllen Sie es mit Rauch, bis Sie nichts mehr durch das Glas sehen können.
d) Decken Sie das Glas fest mit einem Untersetzer ab, um den Rauch zurückzuhalten, und stellen Sie es aufrecht.
e) Geben Sie die Eiswürfel in einen Shaker.
f) Kaffee, Holunderblütensirup, Orangensaft und geräucherten Zuckersirup hinzufügen und etwa 20 Sekunden lang verrühren.
g) Decken Sie das Glas ab und seihen Sie den Mocktail sofort hinein.
h) Sofort servieren, während der Rauch noch aus dem Glas strömt.

## 87.Älterer Flieger

**ZUTATEN:**
- 8 Milliliter Maraschino-Likör
- 15 Milliliter kaltes Wasser
- 15 Milliliter Holunderblütenlikör
- 15 Milliliter Zitronensaft
- 60 Milliliter London Dry Gin

**ANWEISUNGEN:**
a) Zutaten mit Eis schütteln und in ein gekühltes Glas abseihen.
b) Mit Zitronenschale garnieren.

## 88. Englischer Martini

**ZUTATEN:**
- 30 Milliliter Holunderblütenlikör
- 1 Zweig Rosmarin
- 75 Milliliter London Dry Gin

**ANWEISUNGEN:**
a) Rosmarinblätter vom Stiel abstreifen und im Shakerboden vermischen. Weitere Zutaten hinzufügen, mit Eis schütteln und in ein gekühltes Glas abseihen.
b) Mit Rosmarinzweigen garnieren.

## 89. Holunderblüten - Rose -Martini

**ZUTATEN:**
- 8 Milliliter Rosenwasser
- 15 Milliliter kaltes Wasser
- 15 Milliliter trockener Wermut
- 15 Milliliter Holunderblütenlikör
- 60 Milliliter London Dry Gin

**ANWEISUNGEN:**
a) Zutaten mit Eis verrühren und in ein gekühltes Glas abseihen.
b) Mit Rosenblättern garnieren.

## 90. Holunderblüten-Champagner

## ZUTATEN:
- 2 Holunderblüten in voller Blüte
- 1,5 Pfund weißer Zucker
- 2 Esslöffel Weißweinessig
- 1 Gallone kaltes Wasser
- 1 Zitrone

## ANWEISUNGEN:
a) Beginnen Sie mit der Ernte der Holunderblütenköpfe, wenn diese in voller Blüte stehen. Wählen Sie Blumen, die frisch und aromatisch sind.
b) Die Holunderblütenköpfe in eine große Schüssel geben.
c) Die Zitrone schneiden und den Saft in die Schüssel geben. Reiben Sie die Zitronenschale ab, achten Sie dabei darauf, die weiße Schale nicht mit einzubeziehen, und geben Sie sie ebenfalls in die Schüssel.
d) Den weißen Zucker und den Weißweinessig hinzufügen.
e) Geben Sie einen Liter kaltes Wasser in die Schüssel, um die Basis für Ihren Holunderblüten-Champagner zu schaffen.
f) Rühren Sie die Mischung gut um und achten Sie darauf, dass sich der Zucker vollständig auflöst.
g) Decken Sie die Schüssel ab und lassen Sie die Mischung 24 Stunden lang ziehen. Dadurch können sich die Aromen vermischen und entfalten.
h) Nach der Ziehzeit die Flüssigkeit aus der Schüssel in stabile, verschließbare Flaschen abseihen. Sie können saubere Glasflaschen verwenden und darauf achten, dass diese luftdicht verschlossen sind.
i) Verkorken Sie die Flaschen fest und legen Sie sie dann auf die Seite.
j) Lassen Sie den Holunderblüten-Champagner etwa zwei Wochen lang gären. Während dieser Zeit wird es auf natürliche Weise karbonisieren, was ihm die charakteristische sprudelnde Qualität verleiht.
k) Nach der Gärung sollte Ihr Holunderblüten-Champagner trinkfertig sein.
l) Beim Servieren den Holunderblüten-Champagner abkühlen lassen und in Gläser füllen. Es ist ein köstliches, hausgemachtes, prickelndes Getränk mit einem einzigartigen und erfrischenden Geschmacksprofil.
m) Genießen Sie Ihren selbstgemachten Holunderblüten-Champagner als schöne und natürliche Alternative zu handelsüblichen Schaumgetränken. Bitte achten Sie darauf, dass sich während der Gärung kein Druck in den Flaschen aufbaut, und achten Sie darauf, starke Flaschen zu verwenden und diese während des Prozesses zu überwachen, um Unfälle zu vermeiden.

## 91. Holunderblüten-Gin-Blast

**ZUTATEN:**
- 15 Milliliter Zitronensaft
- 30 Milliliter Holunderblütenlikör
- 2 Spritzer Zitronenbitter
- 60 Milliliter London Dry Gin 3 frische Basilikumblätter mit Tonic Water auffüllen

**ANWEISUNGEN:**
a) Das Basilikum im Boden des Shakers leicht zerdrücken (nur um Druck zu bekommen).
b) Die anderen Zutaten außer dem Tonic dazugeben, mit Eis schütteln und in ein mit Eis gefülltes Glas abseihen.
c) Mit Tonic Water auffüllen.
d) Mit Zitronenschale garnieren.

## 92. Große Holunderblüten- Designs

**ZUTATEN:**
- 8 Milliliter trockener Wermut
- 22 Milliliter Ananassaft
- 30 Milliliter Holunderblütenlikör
- 45 Milliliter London Dry Gin Rosmarinzweig

**ANWEISUNGEN:**
a) Rosmarin im Boden des Shakers vermischen.
b) Weitere Zutaten hinzufügen, mit Eis schütteln und in ein gekühltes Glas abseihen.
c) Mit Rosmarinzweigen garnieren.

## 93.Mayflower Martini

**ZUTATEN:**
- 15 Milliliter Apfelsaft
- 15 Milliliter Aprikosenschnapslikör
- 15 Milliliter Holunderblütenlikör
- 15 Milliliter Zitronensaft
- 45 Milliliter London Dry Gin

**ANWEISUNGEN:**
a) Zutaten mit Eis schütteln und in ein gekühltes Glas abseihen.
b) Mit Zitronenschale garnieren.

## 94.Holunderblüten -Meteorfall

**ZUTATEN:**
- 45 Milliliter Calvados
- 45 Milliliter Holunderblütenlikör
- 45 Milliliter halbtrockener Apfelwein
- 45 Milliliter Apfelsaft

**ANWEISUNGEN:**
a) Zutaten mit Eis schütteln und in ein mit Eis gefülltes Glas abseihen.
b) Mit Apfelscheiben garnieren.

## 95. Holunderblüten-Glanz

**ZUTATEN:**
- 22 Milliliter Holunderblütenlikör
- 90 Milliliter Wodka
- Brutaler Champagner

**ANWEISUNGEN:**
a) Die ersten beiden Zutaten mit Eis schütteln und in ein gekühltes Glas abseihen.
b) Mit Champagner auffüllen.
c) Mit Zitronenschale garnieren.

## 96. Holunderblüten-Aufwind

**ZUTATEN:**
- 8 Milliliter Pfirsichschnapslikör
- 15 Milliliter Holunderblütenlikör
- 52 Milliliter Apfelsaft
- 60 Milliliter Genever

**ANWEISUNGEN:**
a) Zutaten mit Eis schütteln und in ein gekühltes Glas abseihen.
b) Mit Pfirsichspalten garnieren.

## 97.Flower Blast Martini

**ZUTATEN:**
- 8 Milliliter Créme de Violette-Likör
- 15 Milliliter trockener Wermut
- 15 Milliliter Holunderblütenlikör
- 60 Milliliter London Dry Gin

**ANWEISUNGEN:**
a) Zutaten mit Eis schütteln und in ein gekühltes Glas abseihen.
b) Mit Orangenschale garnieren.

## 98.Holunderblüten -Margarita

**ZUTATEN:**
- 2 Unzen Tequila
- 1 Unze Holunderblütensirup
- 1 Unze Limettensaft
- Salz oder Zucker zum Umranden des Glases
- Limettenschnitze zum Garnieren
- Eiswürfel

**ANWEISUNGEN:**
a) Umranden Sie ein Margaritaglas mit Salz oder Zucker, indem Sie den Rand mit einer Limettenscheibe befeuchten und es in einen flachen, mit Salz oder Zucker gefüllten Teller tauchen.
b) In einem Shaker Tequila, Holunderblütensirup, Limettensaft und eine Handvoll Eiswürfel vermischen.
c) Kräftig schütteln, bis alles gut vermischt und gekühlt ist.
d) Die Mischung in das vorbereitete, mit frischen Eiswürfeln gefüllte Margaritaglas abseihen.
e) Mit einer Limettenscheibe garnieren.
f) Servieren und genießen Sie diese erfrischende und lebendige Holunderblüten-Margarita.

## 99. Holunderblüten-Mojito

**ZUTATEN:**
- 2 Unzen weißer Rum
- 1 Unze Holunderblütensirup
- Saft von 1 Limette
- 4-6 frische Minzblätter
- Mineralwasser
- Limettenscheiben und frische Minzzweige zum Garnieren
- Eiswürfel

**ANWEISUNGEN:**
a) Mischen Sie in einem Glas die frischen Minzblätter mit Limettensaft, um ihre Aromen freizusetzen.
b) Füllen Sie das Glas mit Eiswürfeln.
c) Weißen Rum und Holunderblütensirup in das Glas geben.
d) Gut umrühren, um die Zutaten zu kombinieren.
e) Füllen Sie das Glas mit Sodawasser auf.
f) Mit Limettenscheiben und frischen Minzzweigen garnieren.
g) Vor dem Trinken vorsichtig umrühren.
h) Genießen Sie den lebendigen und erfrischenden Holunderblüten-Mojito.

## 100. Holunderblütenspritz

**ZUTATEN:**
- 2 Unzen Prosecco oder Sekt
- 1 Unze Holunderblütensirup
- ½ Unze Holunderblütenlikör
- Sprudelwasser
- Zitronenscheiben oder essbare Blüten zum Garnieren
- Eiswürfel

**ANWEISUNGEN:**
a) Füllen Sie ein Weinglas mit Eiswürfeln.
b) Holunderblütensirup und Holunderblütenlikör in das Glas geben.
c) Vorsichtig umrühren, um die Aromen zu verbinden.
d) Füllen Sie das Glas mit Prosecco oder Sekt auf.
e) Fügen Sie für einen sprudelnden Abgang einen Spritzer Limonade hinzu.
f) Mit Zitronenscheiben oder essbaren Blüten garnieren.
g) Vor dem Trinken vorsichtig umrühren.
h) Genießen Sie den spritzigen und blumigen Holunderblüten-Spritz.

## ABSCHLUSS

Zum Abschluss dieses umfassenden Leitfadens zum Kochen mit Holunderblüten hoffen wir, dass Sie inspiriert wurden, sich auf Ihr eigenes kulinarisches Abenteuer einzulassen. Holunderblüten mit ihrem zarten und betörenden Aroma haben die Kraft, Ihre Gerichte und Getränke auf ein neues Niveau zu heben. Von der einfachen Freude an mit Holunderblüten angereicherter Limonade bis hin zur Raffinesse von mit Holunderblüten gewürzten Gerichten sind Ihren Kreationen keine Grenzen gesetzt.

Denken Sie daran, dass Holunderblüten nicht nur eine Zutat sind, sondern eine Möglichkeit, sich mit der Natur und der Tradition zu verbinden. Ob Sie Ihre eigenen Blüten ernten oder Holunderblütenprodukte verwenden, ihr einzigartiger Charme kann mit Ihren Lieben an Ihrem Tisch geteilt werden. Schnappen Sie sich also Ihr Werkzeug, wählen Sie Ihre Rezepte aus und erkunden Sie die Welt der Holunderblütenküche. Ihre Küche ist Ihre Leinwand und Holunderblüten sind Ihre Palette. Mögen Ihre kulinarischen Kreationen ebenso köstlich und unvergesslich sein wie die bezaubernden Holunderblüten selbst.

www.ingramcontent.com/pod-product-compliance
Lightning Source LLC
Chambersburg PA
CBHW071330110526
44591CB00010B/1087